中等职业教育“十四五”规划教材
职业教育课程改革规划创新教材

会计基础习题与实训

业财税融合教材配套习题

劳文鹤　龚　渝　主　编
尹爱玲　蔡　锐　潘　誉　杨显彩　副主编

中国石化出版社
HTTP://WWW.SINOPEC-PRESS.COM
中国经济出版社
CHINA ECONOMIC PUBLISHING HOUSE
·北京·

内 容 提 要

本书与《会计基础》教材在体系、结构上保持一致，旨在为学生提供一个全面、系统且实用的练习与实训平台，帮助学生掌握会计基础知识和基本技能，成为学生学习、巩固会计知识的得力助手。书中提供了多种类型的题目，包括单选题、多选题、判断题、业务题和综合技能训练题，全面覆盖各个知识点，满足不同层次的学习需求。

本书适用于中、高职学校会计相关专业学生，从事会计工作的初学者，以及需要提升理论与技能的从业人员。

图书在版编目(CIP)数据

会计基础习题与实训 / 劳文鹤，龚渝主编. — 北京：中国石化出版社，2025. 2. — ISBN 978-7-5114-7827-6

Ⅰ. F230

中国国家版本馆 CIP 数据核字第 20254YH992 号

中国石化出版社出版发行

地址：北京市东城区安定门外大街 58 号
邮编：100011　电话：(010)57512500
发行部电话：(010)57512575
http://www.sinopec-press.com
E-mail：press@sinopec.com
河北宝昌佳彩印刷有限公司印刷
全国各地新华书店经销

*

787 毫米×1092 毫米 16 开本 14.5 印张 234 千字
2025 年 2 月第 1 版　2025 年 2 月第 1 次印刷
定价：43.00 元

前言

本书以《小企业会计准则》为依据，旨在为学生提供一个全面、系统且实用的练习与实训平台，帮助学生掌握会计基础知识和基本技能，成为学生学习、巩固会计知识的得力助手。

本书与龚渝、劳文鹤主编的《会计基础》教材在体系、结构上保持一致，按项目要求进行训练，每个项目都包含以下几个部分。

1. 知识梳理：对每个项目的重点知识进行系统梳理，帮助学生快速理解和掌握基础知识。

2. 同步练习：与学习任务配套，提供丰富的单选题、多选题、判断题、简答题和业务题等，让学生在练习中巩固所学知识。

3. 综合技能训练：通过实际业务处理和案例分析，培养学生的实际操作能力和解决问题的能力。

4. 项目综合检测：每个项目结束后，安排项目测试题，帮助学生全面检验学习效果。

特色与亮点：

1. 本书紧扣《小企业会计准则》，确保内容的权威性和实用性。

2. 理论与技能相结合：既安排了理论知识学习，也安排了技能训练。

3. 多样化题型：书中提供了多种类型的题目，包括单选题、多选题、判断题、业务题和综合技能训练题，全面覆盖各个知识点，满足不同层次的学习需求。

4. 多阶段练习模式：本书安排了与任务配套的同步训练、与项目配套的项目综合检测、期末的综合模拟考试题，层层跟进，保证了学生能够及时巩固知识。

本书适用于中、高职学校会计相关专业学生及从事会计工作的初学者和需要提升理论知识与技能的从业人员。

本书由劳文鹤、龚渝任主编，尹爱玲、蔡锐、潘誉、杨显彩任副主编。参加本书编写的还有张链、龙丽娟、赵爽老师。

由于时间仓促，难免有错误和疏漏之处，敬请专家和老师们批评指正。

编　者

目录

项目九 销售业务分析、凭证填制及账簿登记

项目十 财务成果

项目十一 对 账

项目十二　财务报表

项目十三　会计核算程序

项目一　企业预备知识

知识梳理

一、认识企业

1. 企业的概念

企业是按照市场需求自主组织生产经营并以营利为目的的社会经济组织。企业按所属行业不同可分为工业企业、商品流通企业、服务业企业、农业企业等。

2. 工业企业生产经营流程

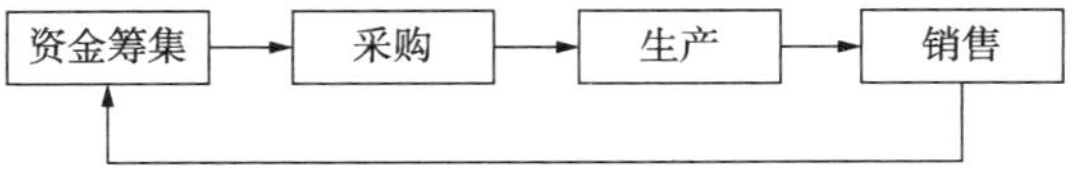

二、认识会计工作

1. 会计的概念

会计是以货币为主要计量单位，反映和监督一个单位经济活动的一种经济管理工作。

2. 会计的对象

一般来说，会计对象指会计工作所要核算和监督的内容；具体来说，会计对象指企业、事业、机关、团体等单位在日常经营活动或业务活动中所表现出的资金运动。

3. 资金运动过程

企业的资金运动包括资金的投入、资金的循环和周转、资金的退出。

4. 会计的基本职能及其相互关系

会计核算和会计监督是会计的两项基本职能。会计核算和会计监督关系十分密切，两者相辅相成。会计核算是会计监督的基础；会计监督是会计核算的目的，贯穿于会计核算全过程。

5. 会计核算环节

会计核算环节包括确认、计量、记录、报告四个环节。

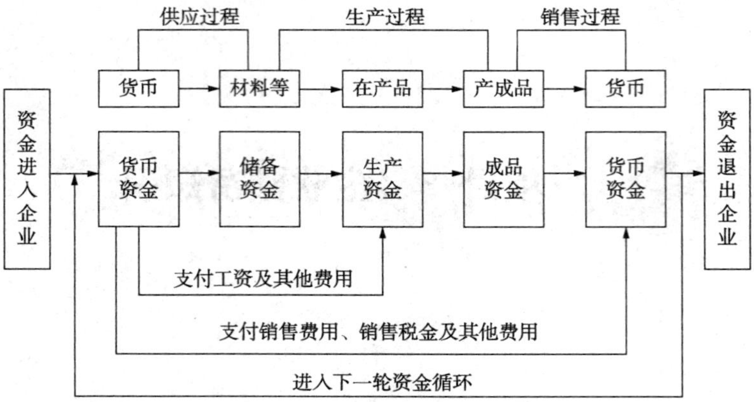

三、初步认识会计方法

1. 会计方法

广义的会计方法一般包括会计核算方法、会计分析方法和会计考核方法、会计预测决策方法等。狭义的会计方法指的是会计核算方法，是会计方法中最基本的方法。

2. 会计核算方法

会计核算方法包括设置账户、复式记账、填制和审核凭证、登记账簿、成本计算、财产清查、编制会计报表。

同步练习

任务一　认识企业

一、单选题

1. 本身生产并销售产品的企业称为(　　)。

A. 工业企业　　B. 商业企业　　C. 服务业企业　　D. 农业企业

2. 投资者手里有 100 万元，向银行借入 100 万元，取得这 200 万元的过程是企业生产经营的(　　)环节。

A. 筹资　　B. 采购　　C. 生产　　D. 销售

3. 产品生产完工以后，就可以进入(　　)环节，即可回笼资金并赚取利润。

A. 筹资　　B. 采购　　C. 生产　　D. 销售

4. 招聘工人，将购买的原材料用于产品生产属于(　　)环节。

A. 筹资　　B. 采购　　C. 生产　　D. 销售

5. 重庆沙薇美发有限公司属于(　　)。

A. 工业企业　　B. 商业企业　　C. 服务业企业　　D. 农业企业

二、多选题

1. 企业按所属行业分为(　　)。

A. 工业企业　　B. 商业企业　　C. 服务业企业　　D. 农业企业

2. 下列属于事业单位的是(　　)。

A. 吉林省政府　　B. 西南医院　　C. 重庆南开中学　　D. 财政部

3. 关于新建企业生产经营环节的先后顺序，排列不正确的是(　　)。

A. 采购—筹资—销售—生产

B. 筹资—采购—销售—生产

C. 生产—筹资—采购—销售

D. 筹资—采购—生产—销售

4. 企业在采购环节应做的事情包括(　　)。

A. 采购材料　　B. 采购机器

C. 聘请工人　　D. 向银行借入短期借款

5. 下列不属于新建商品流通企业生产经营流程的是(　　)。

A. 筹资—采购—生产—销售

B. 采购—生产—销售

C. 筹资—采购—销售

D. 筹资—生产—销售

三、判断题

1. 厦门大学属于工业企业。(　　)

2. 投资者投入的资金仅限货币资金。(　　)

3. 企业销售所获取的资金，一部分退出企业，另一部分用于企业扩大再生产。(　　)

任务二　认识会计工作

一、单选题

1. 会计最基本的职能是(　　)。

A. 核算　　B. 记账　　C. 控制　　D. 监督

2. 下列不属于会计核算对象的是(　　)。

A. 支付员工工资　　B. 签订合同

C. 结转完工产品成本　　D. 投资者投入机器设备

3. 生产成本属于(　　)形态。

A. 货币资金　　B. 储备资金　　C. 生产资金　　D. 成品资金

4. 银行存款属于(　　)形态。

A. 货币资金　　B. 储备资金　　C. 生产资金　　D. 成品资金

5. 将符合会计要素定义和确认标准的项目纳入财务报表项目的过程，称为(　　)。

A. 确认　　B. 计量　　C. 记录　　D. 报告

二、多选题

1. 会计核算职能又称为(　　)职能，会计监督职能又称为(　　)职能。

A. 反映　　B. 算账　　C. 控制　　D. 分析

2. 资金运动过程包括(　　)。

A. 资金的进入　　B. 资金的周转　　C. 资金的退出　　D. 资金的循环

3. 关于会计核算与监督的关系，表述正确的是(　　)。

A. 会计核算是会计监督的基础

B. 会计监督是会计核算的质量保证

C. 没有核算，监督就没有依据

D. 核算是监督的延续和深化

4. 会计核算的环节包括(　　)。

A. 确认　　B. 计量　　C. 检查　　D. 记录

5. 下列属于储备资金的是(　　)。

A. 库存商品　　B. 原材料　　C. 在产品　　D. 固定资产

三、判断题

1. 产品完工入库的过程是将生产资金变成了货币资金。　　(　　)

2. 投资者是企业的所有者，所以投资者的个人业务也是会计核算的对象。　　(　　)

3. 会计监督职能是对企业的合理性、合法性、真实性进行监督。　　(　　)

4. 只有将会计核算和会计监督相结合，才能正确、及时、完整地反映经济活动。　　(　　)

5. 支付广告费是将货币资金变成了成品资金。　　(　　)

任务三　初步认识会计方法

一、单选题

1. 最基本的会计方法是(　　)。

A. 会计监督方法　　B. 会计核算方法　　C. 会计检查方法　　D. 会计分析方法

2. 通过盘点实物、核对账目，用以查明各项财产物资实有数的一种方法叫作(　　)。

A. 复式记账　　B. 填制凭证　　C. 编制报表　　D. 财产清查

3. 对所发生的每项经济业务，以相等的金额，同时在两个或两个以上相互联系的账户中登记的方法是(　　)。

A. 设置账户　　B. 登记账簿　　C. 复式记账　　D. 填制凭证

4. 通过将会计核算和会计分析提供的资料，与预定目标进行比较，检查企业的生产过程是否合理合法、是否实现了预定目标，找出差异并进行修正，称为(　　)。

A. 会计决策方法　　B. 会计核算方法　　C. 会计考核方法　　D. 会计分析方法

5. 月末，企业核对库存现金日记账和库存现金实有数，称为(　　)。

A. 填制凭证　　B. 设置账户　　C. 编制报表　　D. 财产清查

二、多选题

1. 会计方法包括(　　)。

A. 会计核算方法　　B. 会计考核方法　　C. 会计预测方法　　D. 会计检查方法

2. 以下属于会计核算方法的是(　　)。

A. 成本计算　　B. 登记账簿　　C. 复式记账　　D. 招聘财务人员

3. (　　)不是记录经济业务，而是明确经济责任，作为记账依据的书面证明。

A. 会计账户　　B. 会计凭证　　C. 会计账簿　　D. 会计报表

三、判断题

1. 会计核算的七种方法是相辅相成的，并不是相互独立的。(　　)

2. 企业按照一定对象归集和分配生产经营过程中发生的各项费用，以便确定该对象的总成本和单位成本的方法称为成本分析。(　　)

3. 会计核算的顺序是账簿—报表—凭证。(　　)

4. 会计预测决策方法的目的在于定性或定量地判断、推测、规划经济活动的发展变化规律，并对其作出评价，谋求最佳经济效果。(　　)

5. 对会计核算的具体内容进行分类核算和监督的一种专门方法称为复式记账。(　　)

项目测试

一、单项选择题(在题后的四个备选答案中，选出正确答案填入题干中的括号内，每小题 3 分，共 39 分)

1. 会计是以(　　)为主要计量单位，运用专门的方法，核算和监督一个单位经济活动的一种经济管理工作。

A. 实物　　B. 时间　　C. 劳动　　D. 货币

2. 会计的基本职能是(　　)。

A. 反映与分析　　B. 反映与监督　　C. 反映与核算　　D. 控制与监督

3. 会计方法体系中，最基本的方法是(　　)。

A. 会计核算方法　　B. 会计分析方法

C. 会计预测方法　　D. 会计监督方法

4. 下列不属于会计核算环节的是(　　)。

A. 确认　　B. 记录　　C. 报告　　D. 报账

5. 确定某项经济业务在会计报表中列示的金额是会计核算环节中的(　　)。

A. 确认　　B. 计量　　C. 记录　　D. 计算

6. 将符合会计要素定义和确认标准的项目纳入财务报表项目的过程是会计核算环节中的(　　)。

A. 确认　　B. 计量　　C. 记录　　D. 计算

7. 会计监督职能又称(　　)。

A. 反映职能　　B. 审计职能　　C. 控制职能　　D. 稽核职能

8. 会计的对象是(　　)。

A. 资金运动　　B. 资金投入　　C. 资金退出　　D. 资金周转

9. 会计的首要职能是(　　)。

A. 核算　　B. 监督　　C. 分析　　D. 预测

10. 不属于会计核算方法的是(　　)。

A. 复式记账　　B. 财产清查

C. 填制和审核会计凭证　　D. 编制财务会计预算

11. 属于资金退出的是(　　)。

A. 偿还应付账款　　B. 接受投资

C. 购买材料　　D. 向股东支付股利

12. 会计人员在进行会计核算的同时，对特定主体经济活动的合法性、合理性进行审查，称为(　　)。

A. 会计检查职能　　B. 会计核算职能

C. 会计监督职能　　D. 会计分析职能

13. 产品完工入库，所反映的资金运动是(　　)。

A. 货币资金转化为储备资金　　B. 储备资金转化为成品资金

C. 生产资金转化为成品资金　　D. 成品资金转化为货币资金

二、多项选择题(在题后的备选答案中，选出两个或两个以上正确答案填入题干中的括号内，每小题4分，共32分)

1. 下列属于会计核算的具体方法的是(　　)。

A. 设置会计科目和账户　　B. 复式记账

C. 填制和审核会计凭证　　D. 登记账簿

2. 下列各项关于会计核算和会计监督之间的关系，说法正确的是(　　)。

A. 会计核算和会计监督没有什么必然的联系

B. 会计监督是会计核算的保障

C. 会计核算是会计监督的基础

D. 两者之间存在着相辅相成、辩证统一的关系

3. 会计的监督职能是指在会计的核算过程中，对经济活动的(　　)所进行的审查。

A. 真实性　　B. 合法性　　C. 准确性　　D. 合理性

4. 资金循环过程包括(　　)。

A. 供应过程　　B. 生产过程　　C. 销售过程　　D. 投资过程

5. 会计对象是指(　　)的内容。

A. 会计核算　　B. 实物流转　　C. 会计监督　　D. 财务活动

6. 下列关于会计监督职能的表述中，正确的是(　　)。

A. 会计的监督职能是指对特定对象经济业务的真实性、合法性、合理性进行审查

B. 会计监督可以分为事前、事中和事后监督

C. 会计监督是会计核算的基础

D. 会计监督是会计核算的质量保障

7. 会计方法包括(　　)。

A. 会计分析方法　　B. 会计考核方法　　C. 会计预测方法　　D. 会计核算方法

8. 工业企业资金循环与周转过程中，资金形态表现形式有(　　)。

A. 货币资金　　B. 储备资金　　C. 生产资金　　D. 成品资金

三、判断题(判断下列各题，正确的请打“√”，错误的请打“×”，每小题 3 分，共 24 分)

1. 会计是以货币为主要计量单位，反映和监督一个单位经济活动的一种经济管理工作。(　　)

2. 会计的基本职能是会计核算和会计监督，会计监督是首要职能。(　　)

3. 企业会计的对象就是企业的资金运动。(　　)

4. 资金的退出指的是资金离开本企业，退出资金的循环与周转，主要包括提取盈余公积以及向所有者分配利润等。(　　)

5. 社会再生产过程中的经济活动都是会计的对象。(　　)

6. 会计是一项经济管理活动，属于管理范畴。(　　)

7. 会计监督是会计核算的基础，没有核算提供的信息，监督就失去了依据；会计监督又是会计核算的质量保障。(　　)

8. 从会计的概念我们可以看出，会计只能以货币为主要计量单位。(　　)

四、业务题(按要求完成下题，共 5 分)

请画出资金运动的过程图。

项目二　会计要素与会计科目

知识梳理

一、会计要素与会计等式

1. 会计要素概述

会计要素是对会计对象进行的基本分类。

- 会计要素
  - 反映财务状况的会计要素（静态会计要素）
    - 资产
    - 负债
    - 所有者权益
  - 反映经营成果的会计要素（动态会计要素）
    - 收入
    - 费用
    - 利润

（1）资产

资产是指小企业过去的交易或者事项形成的、由小企业拥有或者控制的、预期会给小企业带来经济利益的资源。

小企业资产按流动性可分为流动资产和非流动资产。小企业的流动资产包括货币资金、短期投资、应收及预付款项、存货等；非流动资产包括长期债券投资、长期股权投资、固定资产、无形资产、长期待摊费用、其他长期资产等。

（2）负债

负债是指小企业过去的交易或者事项形成的、预期会导致经济利益流出小企业的现时义务。

小企业的负债按照其流动性，可分为流动负债和非流动负债。

- 负债
  - 流动负债：如短期借款、应付及预收款项、应付职工薪酬、应交税费、应付利息等
  - 非流动负债：如长期借款、长期应付款等

（3）所有者权益

所有者权益是指小企业资产扣除负债后由所有者享有的剩余权益。小企业的所有者权益包括实收资本（或股本，下同）、资本公积、盈余公积和未分配利润。

所有者权益和负债的不同体现在：

不同点	负　债	所有者权益
是否需要偿还	需要	不需要
是否支付使用费	需要付利息	不需要
清偿权	优先清偿权	受偿权在债权人之后
能否参与利润分配	不能	能
能否参与经营决策	不能	能

资产、负债、所有者权益三者的关系：

资产＝权益

资产＝债权人权益＋所有者权益

资产＝负债＋所有者权益（会计恒等式）

（4）收入

收入是指小企业在日常生产经营活动中形成的、会导致所有者权益增加的、与所有者投入资本无关的经济利益的总流入。它包括销售商品收入和提供劳务收入。

按小企业经营业务的主次分类，收入可分为主营业务收入和其他业务收入。

（5）费用

费用是指小企业在日常生产经营活动中发生的、会导致所有者权益减少的、与向所有者分配利润无关的经济利益的总流出。

- 费用
  - 营业成本
    - 主营业务成本
    - 其他业务成本
  - 期间费用
    - 管理费用
    - 销售费用
    - 财务费用

（6）利润

利润是指小企业在一定会计期间的经营成果。它包括营业利润、利润总额和净利润。

① 营业利润＝营业收入－营业成本－税金及附加－销售费用－管理费用－财务费用＋投资收益（或－投资损失）

② 利润总额＝营业利润＋营业外收入－营业外支出

③ 净利润＝利润总额－所得税费用

三个动态会计要素间的关系：

收入－费用＝利润

会计恒等式扩展等式：

资产＝负债+所有者权益+(收入－费用)

2. 会计等式与经济业务

资产、负债、所有者权益增减业务类型有以下几种：

经济业务类型	资产	=	负债	+	所有者权益
1	+－				
2	+		+		
3			+－		
4					+－
5	－	=	－	+	
6	+				+
7	－				－
8			－		+
9			+		－

二、会计科目与账户

1. 会计科目

会计科目是指对会计要素具体内容的进一步分类。

会计科目按经济内容分类，可以分为资产类、负债类、所有者权益类、成本类、损益类。

会计科目按所提供指标的详细程度和隶属关系分类，可以分为总账科目和明细分类科目。

2. 会计账户

账户是根据会计科目设置的、具有一定格式和结构的、用于反映会计要素的增减变动情况及其结果的载体。账户的分类和科目的分类一致。

账户的基本结构：

每个账户起码要划分出两方：一方登记增加额，另一方登记减少额，这是一切账户的基本结构。

左方　　　　账户名称　　　　右方

账户的具体结构：

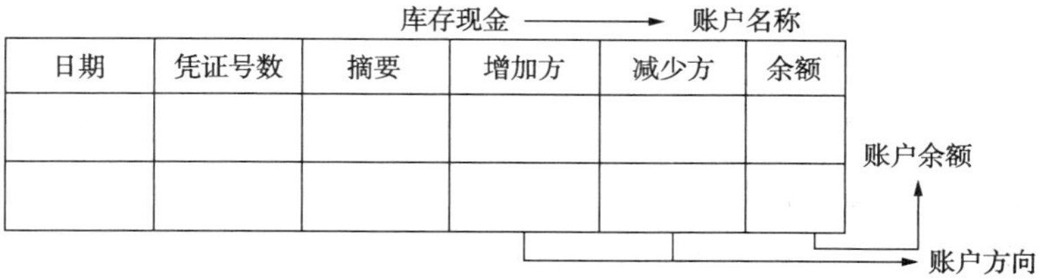

发生额和余额的关系：

期末余额=期初余额+本期增加发生额-本期减少发生额

3. 会计科目与会计账户的联系和区别

会计科目与账户的联系：账户与会计科目都是对会计对象的具体内容进行的分类，两者的口径一致、性质相同；会计科目是设置账户的依据，也是账户的名称，账户是会计科目的具体运用。

会计科目与账户的区别：会计科目是对会计要素按经济内容进行分类的标志，没有具体的格式，只是说明经济业务的内容。账户既有名称又有专门的格式和结构，可以具体记录会计要素的增减变动情况及其结果。

同步练习

任务一　会计要素与会计等式

一、单选题

1. 企业的原材料属于会计要素中的(　　)。

A. 资产　　B. 负债　　C. 所有者权益　　D. 权益

2. 企业所拥有的资产从财产权利归属来看，一部分属于投资者，另一部分属于(　　)。

A. 企业职工　　B. 债权人　　C. 债务人　　D. 企业法人

3. 一个企业的资产总额与权益总额(　　)。

A. 必然相等　　B. 有时相等

C. 不会相等　　D. 只有在期末时相等

4. 某企业刚刚成立时，权益总额为 80 万元，现发生一笔以银行存款 10 万元偿还银行借款的经济业务，此时，该企业的资产总额为(　　)。

A. 80 万元　　B. 90 万元　　C. 100 万元　　D. 70 万元

5. 企业收入的发生往往会引起(　　)。

A. 负债增加　　B. 资产减少　　C. 资产增加　　D. 所有者权益减少

6. 企业生产的产品属于(　　)。

A. 长期资产　B. 流动资产　C. 固定资产　D. 长期待摊费用

7. 对会计对象的具体划分称为(　　)。

A. 会计科目　B. 会计原则　C. 会计要素　D. 会计方法

8. 构成企业所有者权益主体的是(　　)。

A. 盈余公积　B. 资本公积　C. 实收资本　D. 未分配利润

9. 引起资产和负债同时增加的业务是(　　)。

A. 用银行存款偿还应付账款　B. 向银行借款直接偿还应付账款

C. 购买材料货款暂未支付　D. 完工产品验收入库

10. 以下各项属于固定资产的是(　　)。

A. 为生产产品所使用的机床　B. 正在生产之中的机床

C. 已生产完工验收入库的机床　D. 已购入但尚未安装完毕的机床

二、多选题

1. 下列等式中属于正确的会计等式的有(　　)。

A. 资产+负债-费用=所有者权益+收入

B. 资产=负债+所有者权益

C. 收入-费用=利润

D. 资产=负债+所有者权益+(收入-费用)

2. 属于引起会计等式左右两边会计要素变动的经济业务的有(　　)。

A. 收到某单位前欠货款 20 000 元存入银行

B. 以银行存款偿还银行借款 10 万元

C. 收到某单位投来机器一台，价值 80 万元

D. 购买材料 8 000 元，以银行存款支付货款

3. 属于只引起会计等式左边会计要素变动的经济业务的有(　　)。

A. 购买材料 800 元，货款暂欠

B. 从银行提取现金 500 元

C. 购买机器一台，以银行存款支付 10 万元货款

D. 接受国家投资 200 万元

4. 企业的资产按流动性分为(　　)。

A. 非流动资产　B. 固定资产　C. 流动资产　D. 长期投资

5. 所有者权益与负债有着本质的不同，即(　　)。

A. 两者性质不同

B. 两者对企业资产有要求权的顺序先后不同

C. 两者享受的权利不同

D. 两者风险程度不同

6. 企业的费用可能具体表现为一定期间(　　)。

A. 现金的流出　　B. 企业其他资产的减少

C. 企业负债的增加　　D. 银行存款的流出

7. 下列经济业务中，会引起会计等式右边会计要素总额发生变动的业务有(　　)。

A. 以银行存款偿还前欠贷款

B. 某企业将本企业所欠贷款转作投入资本

C. 将资本公积转增资本

D. 投资者追加对本企业的投资

8. 下列内容属于流动资产的有(　　)。

A. 存放在银行的存款　　B. 存放在仓库的材料

C. 厂房和机器　　D. 企业的办公楼

三、判断题

1. 会计要素中既有反映财务状况的要素，也含反映经营成果的要素。(　　)

2. 所有者权益是指企业投资人对企业资产的所有权。(　　)

3. 与所有者权益相比，债权人无权参与企业的生产经营、管理和收益分配，而所有者权益则相反。(　　)

4. 资产与权益的平衡关系是反映企业资金运动的静态表现，如考虑收入、费用等动态要素，则资产与权益总额的平衡关系必然被破坏。(　　)

5. 企业的利润包括基本业务收入、其他业务收入和营业外收入净额。(　　)

6. 资产=负债+所有者权益，是静态的会计等式，而动态的会计等式则是资产=负债+所有者权益+(收入-费用)。(　　)

7. 企业接受捐赠物资一批，计价10万元，该项经济业务会引起收入增加、权益增加。(　　)

8. 企业以银行存款购买设备，该项业务会引起等式左右两边会计要素发生同增的变化。(　　)

9. 不管是什么企业发生任何经济业务，会计等式的左右两边金额永远不变且永远相等。(　　)

10. 营业利润是指营业收入减去营业成本、期间费用、税金及附加、营业外支出，再加上营业外收入。(　　)

四、业务题

【目的】练习对会计要素进行分类，并熟练掌握它们之间的相互关系。

【资料】财东公司某月末各项目余额如下：

(1) 出纳员处存放现金1 700元；

(2) 存入银行的存款2 939 300元；

(3) 投资者投入的资本金 13 130 000 元；
(4) 向银行借入三年期的借款 500 000 元；
(5) 向银行借入半年期的借款 300 000 元；
(6) 原材料库存 417 000 元；
(7) 生产车间正在加工的产品 584 000 元；
(8) 产成品库存 520 000 元；
(9) 应收外单位产品货款 43 000 元；
(10) 应付外单位材料货款 45 000 元；
(11) 对外短期投资 60 000 元；
(12) 公司办公楼价值 5 700 000 元；
(13) 公司机器设备价值 4 200 000 元；
(14) 公司运输设备价值 530 000 元；
(15) 公司的资本公积共 960 000 元；
(16) 盈余公积共 440 000 元；
(17) 外欠某企业设备款 200 000 元；
(18) 拥有某企业发行的三年期公司债券 650 000 元；
(19) 上年尚未分配的利润 70 000 元。

【要求】(1) 写出各项目的类别(资产、负债或所有者权益)。

(2) 计算资产、负债、所有者权益各要素金额合计。

任务二　会计科目与账户

一、单选题

1. 下列各项中，用以核算企业向银行或其他金融机构借入的偿还期限在 1 年以上(不含 1 年)的各项借款的账户是(　　)。

A. 短期借款　　B. 长期借款　　C. 银行存款　　D. 库存现金

2. 以下不是损益类账户的是(　　)。

A. 反映收益的账户　　B. 反映期间费用的账户

C. 反映销售成本类账户　　D. 反映生产成本类账户

3. 账户的基本结构不包括(　　)。

A. 账户名称

B. 所依据记账凭证中注明的日期

C. 所依据记账凭证的编号

D. 会计分录

4. 有关会计科目与账户的关系，下列说法中不正确的是(　　)。

A. 两者核算内容一致，性质相同

B. 会计科目是设置账户的依据

C. 会计科目是账户的名称

D. 会计科目是账户的具体运用，具有一定的格式和结构

5. 以下表述，不正确的是(　　)。

A. 总分类科目是提供会计要素总括信息的会计科目

B. 明细分类科目是提供更详细和更具体会计信息的科目

C. 明细分类科目较多的总账科目，可在总账科目后设立二级或多级明细分类科目

D. 会计科目按其所反映的经济内容不同分为资产类、负债类、所有者权益类、收入类、费用类和利润类六大类

6. 股份有限公司溢价发行股票时，实际收到的款项超过股票面值总额的数额，计入(　　)科目进行核算。

A. 实收资本　　B. 短期借款　　C. 资本公积　　D. 盈余公积

7. 对会计要素具体内容进行总括分类，提供总括信息的会计科目称为(　　)。

A. 二级科目　　B. 明细分类科目　　C. 备查科目　　D. 总分类科目

8. 下列会计科目中，属于负债类科目的是(　　)。

A. 资本公积　　B. 预付账款　　C. 生产成本　　D. 应交税费

9. 下列关于会计科目设置原则的阐述中，错误的是(　　)。

A. 可比性原则是指会计科目的设置，应为提供有关各方所需要的会计信息服务，满足对外报告与对内管理的要求

B. 合法性原则是指为了保证会计信息的可比性，所设置的会计科目应该符合国家有关法律法规的规定

C. 相关性原则是指会计科目的设置，应为提供有关各方所需要的会计信息服务，满足对外报告与对内管理的要求

D. 实用性原则是指在合法性的基础上，应该根据企业自身特点，设置符合企业需要的会计科目

10. 下列关于账户的说法中，不正确的是(　　)。

A. 账户一般分为左右两方，左方登记增加额，右方登记减少额

B. 账户所记载的各项经济业务所引起会计要素的变动不是增加就是减少

C. 账户的基本结构在实务中被形象地称为“丁”字账户或“T”型账户

D. 账户需要记载经济业务所属的会计科目、经济业务的简要说明

二、多选题

1. 下列选项中属于本期发生额的有(　　)。

A. 期初余额　　B. 期末余额

C. 本期减少金额　　D. 本期增加金额

2. 会计科目与会计账户的一致性主要表现在(　　)。

A. 两者名称一致

B. 两者反映的经济内容一致

C. 会计科目是设置会计账户的依据

D. 两者的基本结构一致

3. 下列关于账户与会计科目的联系与区别的表述中，正确的有(　　)。

A. 会计科目是账户的名称，也是设置账户的依据；账户是根据会计科目设置的，是会计科目的具体运用

B. 账户的性质决定了会计科目的性质，两者的分类一样

C. 会计科目与账户二者核算内容一致，性质相同

D. 没有会计科目，账户便失去了设置的依据；没有账户，就无法发挥会计科目的作用

4. 下列属于二级科目的有(　　)。

A. 应交税费—应交所得税

B. 应交税费—应交增值税

C. 应交税费—应交增值税(进项税额)

D. 应交税费—应交增值税(销项税额)

5. 以下有关明细分类科目的表述中，正确的有(　　)。

A. 明细分类科目也称一级会计科目

B. 明细分类科目是对总分类科目作进一步分类的科目

C. 明细分类科目是对会计要素具体内容进行总括分类的科目

D. 明细分类科目是能提供更加详细、更加具体会计信息的科目

6. 在不影响会计核算要求和会计报表指标汇总，以及对外提供统一的财务报表的前提下，企业可以根据自身的生产经营特点，适当自行(　　)会计科目。

A. 增加　　B. 减少　　C. 合并　　D. 重新设置

7. 下列各项中，应确认为应付职工薪酬的有(　　)。

A. 非货币性福利　　B. 社会保险费和辞退福利

C. 职工工资、福利费　　D. 工会经费和职工教育经费

8. 下列会计科目中，属于成本类科目的有(　　)。

A. 生产成本　　B. 主营业务成本　　C. 管理费用　　D. 制造费用

9. 下列会计科目中，属于资产类科目的有(　　)。

A. 库存现金　　B. 应收账款

C. 待处理财产损益　　D. 预收账款

10. 企业在设置会计科目时，要同时兼顾(　　)。

A. 企业内部管理的需要　　B. 债权人的需要

C. 投资人的需要　　D. 企业主管部门的需要

三、判断题

1. 不能给企业未来带来预期经济利益的资源不能作为企业资产反映。(　　)

2. 任何流入企业的资产都可以定义为企业的收入。(　　)

3. 所有经济业务的发生，都会引起会计等式两边发生变化。(　　)

4. 凡不引起企业资产、负债、所有者权益、收入、费用和利润这六大会计要素增减变动的事项都不属于企业的会计事项。(　　)

5. 无论采用什么方式清偿负债，都将导致企业未来经济利益流出。(　　)

6. 会计等式又称为会计恒等式、会计方程式或是会计平衡公式，它是表明各会计要素之间基本关系的等式。(　　)

7. 长期负债包括长期借款、应付债券、应付股利和其他长期负债。(　　)

8. 企业于本年 5 月 15 日与甲公司签订了一份商品购销合同，计划于 6 月 20 日销售一批商品给甲公司，合同约定甲公司于 6 月 25 日支付货款给企业，则企业可以于 5 月 15 日确认资产的增加。(　　)

9. 收入一定表现为资产的增加。(　　)

10. 会计科目是编制财务报表的基础。(　　)

四、业务题

1. 根据以下资料，确认所列各项目的会计科目和会计要素(资产、负债、所有者权益、收入、费用、利润)。

项目描述	会计科目及会计要素	项目描述	会计科目及会计要素
厂部办公大楼		日常经营产生的利润	
未完工产品		支付的广告费	
应付供货单位的材料款		还未上缴的税金	
预收的货物订金		存在开户银行的存款	
向银行借入的短期借款		仓库中的商品	
销售产品的收入		厂部发生的办公费	
生产产品耗用的原材料		银行借款的利息支出	
以前年度留存企业的尚未分配利润		从利润当中提取的公积金	
应发给职工的工资		销售材料的收入	
由出纳人员保管的现金		投资股票遭受的损失	

2. 某企业本月发生下列经济业务：

(1) 购进一批材料，价值 100 万元，款项尚未支付。

(2) 向银行借款 500 万元，存入银行。

(3) 用银行存款 3 万元上缴未交税金。

(4) 以银行存款 60 万元，偿还银行短期借款。

(5) 将库存现金 10 万元存入银行。

(6) 以银行存款 400 万元购置一项固定资产。

(7) 以资本公积 200 万元转增资本。

(8) 经协商将应付甲公司货款 12 万元转化为甲公司对企业的投资。

要求：根据上述资料，完成以下会计处理：

(1) 分析这些受影响的项目应在哪些会计账户中进行核算。

(2) 涉及的会计账户分别属于哪一类？

(3) 每一项业务会使账户增加还是减少？

项目测试

一、单项选择题(在题后的四个备选答案中，选出正确答案填入题干中的括号内，每小题 2 分，共 30 分)

1. 会计科目是对(　　)进行具体分类的项目。

A. 会计对象　　B. 会计要素　　C. 资金运动　　D. 生产活动

2. 以银行存款缴纳应交税费，所引起的变化为(　　)。

A. 一项资产减少，一项所有者权益减少

B. 一项资产减少，一项负债减少

C. 一项负债减少，一项资产增加

D. 一项资产减少，一项资产增加

3. 如果一项经济业务发生仅涉及负债这一会计要素，则负债内部项目的变动是(　　)。

A. 同增　　B. 同减　　C. 一增一减　　D. 不增不减

4. 属于资产的项目是(　　)。

A. 预付账款　　B. 预收账款　　C. 主营业务收入　　D. 管理费用

5. 属于所有者权益的项目是(　　)。

A. 主营业务收入　　B. 长期应付款　　C. 盈余公积　　D. 固定资产

6. 负债是指企业由于过去交易或事项形成的(　　)。

A. 过去义务　　B. 现时义务　　C. 将来义务　　D. 永久义务

7. 某企业 8 月初资产 500 万元，所有者权益 300 万元。8 月份有如下经济业务：①用银行存款偿还应付账款 40 万元；②借入短期借款偿还应付账款 50 万元；③资本公积转增资本金 10 万元；④购入材料 60 万元，款项暂未支付。请问，该企业 8 月底负债应为(　　)万元。

A. 170　　B. 220　　C. 270　　D. 100

8. 企业生产经营过程中的存货包括(　　)。

A. 在产品　　B. 固定资产　　C. 无形资产　　D. 主营业务成本

9. 影响会计等式总额发生变化的经济业务是(　　)。

A. 收回客户所欠的货款　　B. 购买机器设备，货款未付

C. 结转完工产品成本　　D. 以银行存款购买材料

10. 引起资产内部两个项目此增彼减而资产总额不变的经济业务是(　　)。

A. 用银行存款偿还借款　　B. 收到投资者货币投资

C. 收到外单位前欠货款　　D. 用银行存款支付投资者利润

11. 某公司年初资产总额为 100 万元，本期负债减少 5 万元，所有者权益增加 20 万元，不考虑其他因素，此公司期末资产总额为(　　)万元。

A. 115　　B. 100　　C. 125　　D. 85

12. 流动负债是指企业将在(　　)偿还的债务。

A. 1 年内　　B. 1 年或超过 1 年的一个营业周期以上

C. 1 年以上　　D. 1 年或超过 1 年的一个营业周期内

13. 所有者权益是指企业所有者对企业(　　)的所有权。

A. 净利润　　B. 净资产　　C. 总资产　　D. 利润总额

14. 在下列项目中，与“制造费用”属于同一类科目的是(　　)。

A. 固定资产　　B. 其他业务成本

C. 生产成本　　D. 主营业务成本

15. 下列不属于总账科目的是(　　)。

A. 固定资产　　B. 应交税费　　C. 应交增值税　　D. 预付账款

二、多项选择题(在题后的备选答案中，选出两个或两个以上正确答案填入题干中的括号内，每小题 3 分，共 30 分)

1. 反映企业财务状况的会计要素有(　　)。

A. 资产　　B. 负债　　C. 所有者权益　　D. 利润

2. 下列项目中，属于无形资产的有(　　)。

A. 专利权　　B. 土地使用权　　C. 商标权　　D. 非专利技术

3. 资产的特征有(　　)。

A. 资产是过去的交易或事项形成的

B. 资产必定是投资者投入或向债权人借入的

C. 资产是企业拥有或控制的

D. 资产预期能给企业带来经济利益

4. 不会引起所有者权益总额变化的业务有(　　)。

A. 接受投资　　B. 资本公积转增资本

C. 盈余公积补亏　　D. 向银行的借款转为投资

5. 属于所有者权益的有(　　)。

A. 库存材料　　B. 国家投入的资金

C. 应付给珠江厂的购货款　　D. 未分配的利润

6. 属于固定资产的有(　　)。

A. 机器设备　　B. 运输车辆　　C. 仓库　　D. 原材料

7. 下列属于会计科目设置的原则的是(　　)。

A. 合法性原则　　B. 相关性原则　　C. 实用性原则　　D. 合规性原则

8. 下列属于会计等式的是(　　)。

A. 资产=权益

B. 资产=负债+所有者权益+(收入-费用)

C. 资产=债务人权益+所有者权益

D. 收入-费用=利润

9. 下列项目中，属于费用要素特点的有(　　)。

A. 企业在日常活动中发生的经济利益的流出

B. 会导致所有者权益减少

C. 与向所有者分配利润无关

D. 会导致所有者权益增加

10. 以下不包括在企业留存收益中的有(　　)。

A. 实收资本　　B. 盈余公积　　C. 资本公积　　D. 未分配利润

三、判断题(判断下列各题，正确的请打“√”，错误的请打“×”，每小题1分，共10分)

1. 企业资产来源于所有者权益和负债。　　(　　)

2. 在不违反国家统一会计准则的前提下，明细分类科目可以根据企业内部管理的需要自行制定。　　(　　)

3. 费用的发生可能使资产减少或负债增加，或二者兼有。　　(　　)

4. 预收账款和预付账款均属于负债。　　(　　)

5. 负债是企业现在的交易或事项所引起的现时义务。　　(　　)

6. 资产按流动性分为流动资产和固定资产。 (　　)

7. 所有者权益是投资人对企业全部资产的所有权。 (　　)

8. 会计要素中既有反映财务状况的要素，又有反映经营成果的要素。 (　　)

9. 企业从银行借入短期借款起资产和负债同时发生变化，会计基本等式也因此不再平衡。 (　　)

10. 收入是指企业在销售商品、提供劳务及让渡资产使用权等日常活动中所形成的经济利益的总流入，与投资者投入无关。 (　　)

四、业务题(根据要求完成下列各题，计算题每小题 4 分，其他业务题每小题 2 分，共 30 分)

1. A 企业 9 月初库存原材料 4 万元。本月部分经济业务如下：①购买材料 2.1 万元，验收入库，款未付；②开出转账支票支付上个月所欠材料款 2 万元；③生产产品领用材料 5 万元；④开出转账支票预付材料款 3 万元。

请计算 9 月底该企业库存材料金额。

2. 两年前几个人合伙注册创立了一家企业，共筹集资金 400 万元(其中合伙人投资 300 万元，从银行借款 100 万元)，用以建厂房、买设备和材料，形成企业的资产。经过两年的苦心经营，企业已经拥有资产 600 万元，需要偿还各种债务 200 万元。请计算，此时企业的净资产为多少？假设两年间企业未再接受任何投资，则此时企业的留存收益又是多少？

3.【目的】练习会计科目的辨别。

【资料】利达工厂 2014 年 9 月份部分资产、负债、所有者权益项目如下：

（1）从银行借入的 6 个月期借款 55 000 元。

（2）从银行借入的 5 年期借款 60 000 元。

（3）应付光明工厂的材料款 25 000 元。

（4）库存材料 52 900 元。

（5）预先收取销货款 30 000 元。

（6）汽车 200 000 元。

（7）暂付职工差旅费 1 500 元。

（8）应收客户货款 30 000 元。

（9）未缴纳的税款 5 000 元。

（10）投资者投入的资本 410 000 元。

（11）应付未付的利润 100 000 元。

【要求】写出上面每一项的会计科目及所属会计要素。

项目三　复式记账法与借贷记账法

知识梳理

一、复式记账法

1. 复式记账法的概念

复式记账法是以资产与权益平衡关系作为记账基础，对于每一笔经济业务，都要以相等的金额在两个或两个以上相互联系的账户中进行登记，系统地反映资金运动变化结果的一种记账方法。

2. 复式记账法的种类

复式记账法按照记账符号、记账规律、试算平衡方法的不同，可分为借贷记账法、增减记账法、收付记账法三种。

二、借贷记账法

1. 借贷记账法的概念

借贷记账法是按照复式记账法的原理，以资产与权益的平衡关系为基础，以“借”“贷”两字作为记账符号，以“有借必有贷，借贷必相等”作为记账规则的一种复式记账方法。

2. 借贷记账法的特点

① 以“借”和“贷”作为记账符号。

② 以“有借必有贷，借贷必相等”作为记账规则。

③ 不要求对账户固定分类。

④ 以“借方金额=贷方金额”进行试算平衡。

借方　　　　账户名称　　　　贷方

3. 借贷记账法的账户结构

在借贷记账法下，账户的基本结构分成左右两方，左方为借方，右方为贷方。其中一方用来登记增加的金额，另一方用来登记减少的金额。究竟哪一方用来登记增加额，哪一方用来登记减少额，要视账户反映的经济内容(账户的性质)而定。具体如图所示。

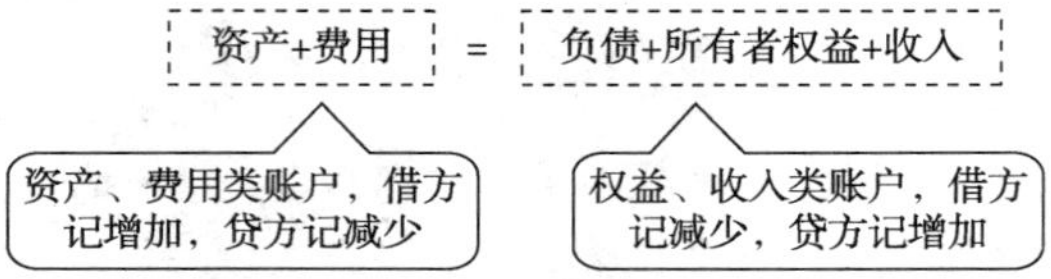

4. 借贷记账法账户结构的内部关系

对于资产、成本类账户：

期末借方余额=期初借方余额+本期借方发生额-本期贷方发生额

对于负债、所有者权益类账户：

期末贷方余额=期初贷方余额+本期贷方发生额-本期借方发生额

损益类账户、制造费用账户期末结转后无余额，本年利润账户年末结转后无余额。

5. 对应关系与对应账户

账户之间的应借、应贷关系，称为账户的对应关系；存在对应关系的账户，互为对应账户。

三、会计分录

1. 会计分录三要素

会计分录主要包括三个要素：账户名称(会计科目)、记账符号、金额。

2. 会计分录的格式

会计分录的格式和要求：①先借后贷；②借和贷要分行写，并且文字和金额的数字都应错开；③在一借多贷或一贷多借的情况下，要求借方或贷方的文字和金额数字必须对齐。

3. 会计分录的分类

会计分录按所涉及的账户的多少，可分为简单会计分录和复合会计分录。

① 简单会计分录是一个借方账户与另一个贷方账户对应的会计分录，即一借一贷的会计分录。

② 复合会计分录，指由两个以上(不含两个)的对应账户所组成的会计分录，即一借多贷、多借一贷和多借多贷的会计分录。

同步练习

任务一　复式记账法

一、单选题

1. (　　)是指发生每一项经济业务，只在一个账户中加以登记的记账方法。

A. 复式记账法　　B. 借贷记账法　　C. 单式记账法　　D. 增减记账法

2. 我国目前企业财务会计采用的借贷记账法属于(　　)。

A. 单式记账法　　B. 复式记账法　　C. 增减记账法　　D. 收付记账法

3. 以下不属于复式记账法的特点的是(　　)。

A. 对于每一项经济业务，都在两个相互联系的账户中记录

B. 复式记账法以资产和权益的平衡关系为记账基础

C. 复式记账法便于对账户记录结果进行试算平衡

D. 复式记账法的账户之间存在着一定的对应关系

二、多选题

1. 能够反映经济业务来龙去脉的记账方法有(　　)。

A. 借贷记账法　　B. 单式记账法　　C. 增减记账法　　D. 收付记账法

2. 如果转账 300 000 元购买一台设备，应在(　　)账户中进行增减记录。

A. 库存现金　　B. 银行存款　　C. 固定资产　　D. 无形资产

3. 复式记账法按照(　　)的不同，分为借贷记账法、增减记账法和收付记账法。

A. 记账符号　　B. 记账规律

C. 试算平衡方法　　D. 记账复杂程度

三、判断题

1. 记账方法经过了从单式记账法向复式记账法发展的过程，目前采用的记账方法为复式记账法。(　　)

2. 单式记账法往往只关注货币资金、往来款项等账户，较为片面，是一种不完整的记账方法。(　　)

3. 收付记账法是目前大多数国家普遍采用的记账方法。(　　)

任务二　借贷记账法

一、单选题

1. 目前我国会计制度规定，企业会计采用的记账方法是(　　)。

A. 增减记账法　　B. 现金收付记账法
C. 借贷记账法　　D. 财产收付记账法

2. 根据借贷记账法的原理，记录在账户贷方的是(　　)。
A. 费用的增加　　B. 收入的增加
C. 负债的减少　　D. 所有者权益的减少

3. 按照借贷记账法的记录方法，下列四组账户中，增加额均记在贷方的是(　　)。
A. 资产类和负债类　　B. 负债类和所有者权益类
C. 成本类和损益类　　D. 损益类中的收入和费用类

4. 月末应无余额的账户是(　　)。
A. 固定资产　　B. 银行存款　　C. 管理费用　　D. 实收资本

5. “应收账款”账户期初余额为10万元，本期借方发生额为2万元，贷方发生额为5万元，期末余额是(　　)。
A. 7万元　　B. 13万元　　C. 10万元　　D. 17万元

6. 对于每一个账户来说，期末余额(　　)。
A. 只能在借方　　B. 只能在贷方
C. 只能在借方或只能在贷方　　D. 可能在借方或贷方

7. 在经济业务处理过程中，会形成账户间的对应关系，这种关系是指(　　)。
A. 平行登记关系　　B. 会计分录
C. 试算平衡关系　　D. 有关账户之间的应借应贷关系

8. “其他应收款”账户期初借方余额为35 400元，本期借方发生额为26 300元，本期贷方发生额为17 900元，该账户期末余额为(　　)。
A. 借方43 800元　　B. 借方27 000元
C. 贷方43 800元　　D. 贷方27 000元

9. 在正常情况下，一个会计科目的增加额与其期末余额应记在会计科目的(　　)。
A. 借方　　B. 贷方　　C. 相同方　　D. 相反方

10. 在借贷记账法下，借方登记(　　)。
A. 资产减少或权益增加　　B. 资产增加或权益增加
C. 资产减少或权益减少　　D. 资产增加或权益减少

二、多选题

1. 借方登记本期减少额的账户有(　　)类账户。
A. 资产　　B. 负债　　C. 收入　　D. 所有者权益

2. 与资产类账户结构相反的账户有(　　)。
A. 收入类账户　　B. 负债类账户　　C. 费用类账户　　D. 成本计算类账户

3. 借贷记账法的试算平衡方法包括(　　)。
A. 增加额试算平衡法　　B. 减少额试算平衡法

C. 发生额试算平衡法　　D. 余额试算平衡法

4. 关于借贷记账法的试算平衡，下列表述中正确的有(　　)。

A. 试算平衡包括发生额试算平衡和余额试算平衡

B. 编制试算平衡表时，必须保证所有账户的余额或发生额均列入试算平衡表内

C. 试算平衡表借贷不相等，肯定账户记录有错误

D. 试算平衡表是平衡的，并不能肯定账户记录绝对正确

5. 下列可能与预付账款产生对应关系的科目有(　　)。

A. 原材料　　B. 应收账款　　C. 银行存款　　D. 库存商品

6. 关于借贷记账法，下列说法正确的有(　　)。

A. "借"表示增加，"贷"表示减少

B. 以"借""贷"作为记账符号

C. 可根据借贷平衡原理进行试算平衡

D. 以"有借必有贷，借贷必相等"作为记账规则

7. 年末结账后，下列会计科目中一定没有余额的有(　　)。

A. 本年利润　　B. 制造费用　　C. 应付账款　　D. 主营业务收入

8. 下列账户中，期末余额在贷方的有(　　)。

A. 预收账款　　B. 应收账款　　C. 应付账款　　D. 累计摊销

9. 下列各项中，期末一般存在借方余额的有(　　)。

A. 成本类会计科目　　B. 负债类会计科目

C. 损益类会计科目　　D. 资产类会计科目

10. 对于所有者权益类账户而言，不正确的是(　　)。

A. 期末借方余额=期初借方余额+本期借方发生额-本期贷方发生额

B. 期末贷方余额=期初贷方余额+本期贷方发生额-本期借方发生额

C. 期末借方余额=期初贷方余额+本期贷方发生额-本期借方发生额

D. 期末贷方余额=期初借方余额+本期借方发生额-本期贷方发生额

三、判断题

1. 发生额及余额试算平衡中本期借方发生额合计等于本期贷方发生额合计，说明账户发生额记录肯定没有错误。(　　)

2. 若企业所有总分类科目期初余额是平衡的，即使本期发生额试算不平衡，期末余额试算也有可能会平衡。(　　)

3. 会计科目之间的对应关系是固定不变的。(　　)

4. 损益类账户中的收入类账户与费用类账户的结构相反，对于收入类账户，借方登记减少，贷方登记增加，期末通常没有余额。(　　)

5. "主营业务收入"科目借方登记主营业务收入的增加额，贷方登记主营业务收入的减少额。(　　)

6. 在借贷记账法下，负债类、所有者权益类的账户，期末有余额且余额在贷方。（　　）

7. 在借贷记账法下，负债类账户与成本类账户的结构截然相反。（　　）

8. 制造费用账户结构与库存商品账户结构基本相同，借方登记增加，贷方登记减少，但期末一般无余额。（　　）

9. 复式记账法是唯一的记账方法，它能够对全部经济交易与事项进行完整的记录。（　　）

10. 借贷记账法下，“借”和“贷”不仅仅是记账符号，还代表不同的经济业务。（　　）

四、业务题

1. 根据期末余额的计算公式填空。

会计账户	期初余额		本期发生额		期末余额	
	借方	贷方	借方	贷方	借方	贷方
应收账款	（　　）		90 000	32 000	107 200	
固定资产	280 000		100 000	（　　）	150 000	
应付票据		350 000	170 000	234 000		（　　）
长期借款		40 000	8 000	60 000		（　　）
实收资本		（　　）		30 000		110 000
利润分配		12 200	（　　）			8 200

2. 画出下列业务账户的对应关系。

（1）用银行存款支付前欠 B 公司货款 20 000 元。

（2）用银行存款支付产品广告费 2 600 元。

（3）管理部门陈敏出差，借支差旅费 2 000 元，以现金支付。

（4）用银行存款支付购入 C 公司原材料货款 20 000 元，以及购入材料支付的增值税 2 600元，材料已验收入库。

（5）销售产品一批，价款 10 000 元，增值税 1 300 元，款项尚未收到。

任务三　会计分录

一、单选题

1. 企业销售商品，收到现金，正确的会计分录是(　　)。

A. 借：库存现金　　贷：主营业务收入

B. 借：银行存款　　贷：库存现金

C. 借：库存现金　　贷：库存商品

D. 借：银行存款　　贷：主营业务收入

2. 下列各项中，属于简单会计分录的是(　　)。

A. 一借一贷的分录　　B. 多借一贷的分录

C. 多借多贷的分录　　D. 一借多贷的分录

3. 会计分录的三个要素不包括(　　)。

A. 会计科目　　B. 记账方向　　C. 记账金额　　D. 货币单位

4. 关于会计分录的格式要求，下列说法不正确的是(　　)。

A. 先写借再写贷

B. 借贷方向的后面添加分号

C. 在一借多贷的情况下，借方和贷方的文字和金额数字应对齐

D. 借贷方要分行写，且文字和金额的数字应错开

5. 下列会计分录中，固定资产的对应账户是(　　)。

借：固定资产 600 000

　　无形资产 400 000

　　贷：实收资本 1 000 000

A. 无形资产　　B. 实收资本

C. 无形资产和实收资本　　D. 固定资产

二、多选题

1. 借贷记账法会计分录要素包括(　　)。

A. 记账符号　　B. 账户名称　　C. 应计金额　　D. 业务描述

2. 如果一项经济业务只涉及两个账户，其中一个资产账户记借方，则有可能(　　)。

A. 另一个资产账户在贷方　　B. 另一个负债账户在贷方

C. 另一个资产账户在借方　　D. 另一个所有者权益账户在贷方

3. 下列关于会计分录的表述中，正确的有(　　)。

A. 借贷方向、账户名称和金额构成会计分录的三要素

B. 会计分录可以分为简单分录和复合分录

C. 多借多贷会计分录，除特殊情况外，一般不使用

D. 在实际工作中，编制会计分录是通过填制原始凭证来完成的

4. 以下哪些情况需要编制会计分录(　　)。

A. 企业购买固定资产　　B. 企业支付工资

C. 企业收到捐赠　　D. 企业进行利润分配

5. 下列属于会计分录编制步骤的是(　　)。

A. 分析经济业务所涉及的账户

B. 判断账户的借贷方向和金额

C. 填写经济业务所涉及的会计凭证

D. 检查会计分录是否符合借贷记账法的记账规则

三、判断题

1. 在我国，会计分录记载于会计账簿中。(　　)

2. 一项经济业务的会计分录是固定的，借贷方不能互换使用。(　　)

3. 会计分录的编制必须符合会计准则和会计制度的要求。(　　)

4. 复合会计分录就是多个简单会计分录相加的结果。(　　)

5. 某公司销售一批产品，售价 400 000 元，增值税 52 000 元，对方转账支付 300 000 元，其余款项未付。该业务应编制两借两贷的会计分录。(　　)

四、业务题(写出下列经济业务的会计分录)

1. 从银行提取现金 8 000 元，以备发放本月工资。

2. 从银行借入期限 3 个月贷款 100 000 元，存入银行。

3. 王某外地出差归来，报销差旅费 2 500 元，财务科补给其现金 500 元，王某出差时向财务部门预借现金 2 000 元。

4. 结转本月已销产品生产成本 228 000 元。

5. 根据合同规定，预收乙公司货款 36 000 元，存入银行。

6. 以银行存款支付车间办公费 300 元，厂部招待费 400 元。

7. 分配本月职工工资，其中生产工人工资 8 000 元，车间管理人员工资 2 000 元，厂部管理人员工资 3 000 元。

8. 结转本月发生的制造费用 38 200 元至生产成本。

9. 收到投资者投入机器设备，入账价值为 100 000 元。

10. 从净利润中提取法定盈余公积 30 000 元，宣告向投资者分配利润 80 000 元。

项目测试

一、单项选择题(在题后的四个备选答案中，选出正确答案填入题干中的括号内。每小题 2 分，共 30 分)

1. 复式记账法的基本理论依据是(　　)的平衡原理。

A. 资产=负债+所有者权益

B. 收入-费用=利润

C. 期初余额+本期增加数-本期减少数=期末余额

D. 借方发生额=贷方发生额

2. 复式记账法是指对每一笔业务都要以相等的金额在相互联系的(　　)中进行登记的记账方法。

A. 一个账户　　B. 两个账户

C. 三个账户　　D. 两个或两个以上的账户

3. 在借贷记账法中，账户的哪一方记录增加，哪一方记录减少是由(　　)决定的。

A. 账户的性质　　B. 记账规则　　C. 账户的结构　　D. 业务的性质

4. 借贷记账法中资产类账户的余额一般在(　　)。

A. 无余额　　B. 借方　　C. 贷方　　D. 借方或贷方

5. 在借贷记账法下，负债类账户期末余额的计算公式是(　　)。

A. 期末余额=期初借方余额+本期借方发生额-本期贷方发生额

B. 期末余额=期初贷方余额+本期贷方发生额-本期借方发生额

C. 期末余额=期初借方余额+本期借方发生额

D. 期末余额=期初贷方余额+本期贷方发生额

6. 存在对应关系的账户称为(　　)。

A. 平衡账户　　B. 对应账户　　C. 无联系账户　　D. 恒等账户

7. 按照借贷记账法的记录方法，下列账户中，账户的借方登记增加额的是(　　)。

A. 实收资本　　B. 应付职工薪酬　　C. 累计折旧　　D. 管理费用

8. 为了全面清晰地反映经济业务的来龙去脉，不得将不同的经济业务合并编制成为(　　)的会计分录。

A. 一借一贷　　B. 一借多贷　　C. 一贷多借　　D. 多借多贷

9. 账户余额一般与(　　)在同一方向。

A. 减少额　　B. 借方发生额

C. 贷方发生额　　D. 增加额

10. 关于损益类账户，下列说法正确的是(　　)。

A. 费用增加记借方　　B. 损益增加记借方

C. 收入增加记借方　　D. 损益增加记贷方

11. 应付账款账户的期初余额为贷方 5 000 元，本期借方发生额 7 000 元，贷方发生额 3 000 元，则该账户的期末余额为(　　)元。

A. 贷方 9 000　　B. 贷方 1 000　　C. 借方 1 000　　D. 借方 9 000

12. 下列各项符合“生产成本”的账户结构的是(　　)。

A. 借方登记减少额　　B. 贷方登记减少额

C. 期末一般无余额　　D. 余额一般在贷方

13. 某企业8月初短期借款贷方余额20万元，8月份以银行存款偿还短期借款20万元，又向银行借入9个月期借款10万元，则8月末该企业短期借款余额为(　　)万元。

A. 借方20　　B. 贷方20　　C. 借方10　　D. 贷方10

14. 在借贷记账法下，资产类账户期末余额计算公式是(　　)。

A. 期末贷方余额=期初贷方余额+本期贷方发生额-本期借方发生额

B. 期末贷方余额=期初借方余额+本期借方发生额-本期贷方发生额

C. 期末借方余额=期初借方余额+本期借方发生额-本期贷方发生额

D. 期末借方余额=期初借方余额+本期贷方发生额-本期借方发生额

15. 以下(　　)不是借贷记账法的优点。

A. 操作简单易行　　B. 账户对应关系清楚

C. 设置账户灵活　　D. 记账方便简单

二、多项选择题(在题后的备选答案中，选出两个或两个以上正确答案填入题干中的括号内。每小题3分，共30分)

1. 在借贷记账法中，账户的贷方登记(　　)。

A. 资产的增加额　　B. 负债的减少额

C. 所有者权益的增加额　　D. 收入的增加额

2. 下列账户期末余额应在贷方的有(　　)。

A. 主营业务成本　　B. 预付账款　　C. 预收账款　　D. 盈余公积

3. 借贷记账法账户提供的金额指标包括(　　)。

A. 本期借方发生额　　B. 本期贷方发生额

C. 期初余额　　D. 期末余额

4. 借贷记账法下会计分录包括(　　)。

A. 一借一贷　　B. 一借多贷　　C. 多借一贷　　D. 多借多贷

5. 下列正确反映借贷记账法特点的有(　　)。

A. 以“借”和“贷”作为记账符号

B. 记账规则是“有借必有贷，借贷必相等”

C. 根据会计科目的性质和内容确定记账方向

D. 对账户不要求固定分类

6. 关于借贷记账法，下列说法正确的有(　　)。

A. 有借必有贷　　B. 借贷必相等

C. 只能一借一贷　　D. 可一借多贷

7. 下列各项业务，能使负债总额增加的有(　　)。

A. 从银行借款偿还应付账款　　B. 向银行借入3个月到期的借款

C. 用存款缴纳上月所得税　　D. 计算应付的长期借款利息

8. 借贷记账法下，账户借方登记的金额包括(　　)。

A. 资产的增加　　B. 负债的减少　　C. 费用的增加　　D. 收入的减少

9. 下列账户中，期末余额在贷方的有(　　)。

A. 原材料　　B. 实收资本　　C. 应付账款　　D. 主营业务收入

10. 借贷记账法下，账户贷方登记的金额包括(　　)。

A. 资产的减少　　B. 资产的增加　　C. 负债的减少　　D. 负债的增加

三、判断题(判断下列各题，正确的请打“√”，错误的请打“×”。每小题 1 分，共 10 分)

1. 借贷记账法账户的基本结构：每一个账户的左边均为借方，右边均为贷方。(　　)

2. 一个账户的借方如果用来记录增加额，其贷方一定用来记录减少额。(　　)

3. 现代借贷记账法中的“借”和“贷”分别是债权和债务之意。(　　)

4. 在借贷记账法下，损益类科目期末一般都无余额。(　　)

5. “有借必有贷，借贷必相等”适用于一切记账方法。(　　)

6. 会计平衡公式是“有借必有贷，借贷必相等”。(　　)

7. 在会计处理中，只能编制一借一贷、一借多贷、一贷多借的会计分录，而不能编制多借多贷的会计分录，以避免对应关系混乱。(　　)

8. 在借贷记账法下，损益类账户的借方登记增加数，贷方登记减少数，期末一般无余额。(　　)

9. 会计分录中的账户之间的应借应贷关系称为账户的对应关系。(　　)

10. 所有者权益账户期末余额在贷方，表示所有者权益结存数。(　　)

四、业务题(根据要求完成下列各题，计算题每空 3 分，其他业务题每小题 2 分，共 30 分)

1. 计算下列各“T”型账户的本期发生额和期末余额。

(1)　应付账款

	期初余额：6 000
①4 000	④2 340
②2 340	⑤1 000
③2 000	
本期发生额：	本期发生额： 期末余额：

(2)　应收账款

期初余额：400	
①9 000	②5 000
③3 000	④2 000
	⑤3 000
本期发生额： 期末余额：	本期发生额：

2.【目的】练习运用借贷记账法编制会计分录并登记“T”型账户。

【资料】利达公司 2024 年 8 月份部分经济业务如下：

(1) 从银行存款中提取现金 2 000 元备用。

(2) 用银行存款 8 000 元偿还前欠材料款。

(3) 购入材料共计 8 000 元，材料款暂未支付。

(4) 将现金 1 000 元存入银行。

(5) 企业向银行借款 60 000 元存入银行，借款期限为 6 个月。

（6）收回前欠的货款 62 000 元，存入银行。

（7）用银行存款 20 000 元归还银行短期借款。

（8）用银行存款 80 000 元购进设备。

（9）收到投资者投资款 100 000 元，存入银行。

（10）销售产品 92 000 元，货款尚未收到。

（11）购入材料 10 000 元，以银行存款支付 7 000 元，余款暂未支付。

（12）结转本月已经售出产品的成本 75 000 元。

【要求】(1)根据上述业务编制会计分录(不考虑税费)。

（2）根据期初余额表和上述分录登记“T”型账户，并计算每一个账户的本期发生额和期末余额。

利达公司 2024 年 8 月份期初余额表

会计科目	借方余额	会计科目	贷方余额
库存现金	3 000	应付账款	14 000
银行存款	200 000	短期借款	60 000
应收账款	62 000	实收资本	571 000
库存商品	80 000		
固定资产	300 000		
合计	645 000	合计	645 000

项目四　会计凭证

知识梳理

一、会计凭证概述

1. 会计凭证的概念

会计凭证是记录经济业务、明确经济责任、按一定格式编制的据以登记会计账簿的书面证明。经过审核无误的会计凭证是登记账簿的依据。

2. 会计凭证的意义

可以记录经济业务的发生和完成情况，为会计核算提供原始依据；可以检查经济业务的真实性、合法性和合理性，为会计监督提供重要依据；可以明确经济责任，为落实岗位责任制提供重要文件；可以反映相关经济利益关系，为维护合法权益提供法律证据。

3. 会计凭证的种类

会计凭证按其编制程序和用途的不同，分为原始凭证和记账凭证两大类。

二、原始凭证

1. 原始凭证的种类

原始凭证按来源不同，可以分为自制原始凭证和外来原始凭证两类。

自制原始凭证按其填制手续不同，又可分为一次凭证、累计凭证、汇总原始凭证。

2. 原始凭证的内容

原始凭证的名称及编号；原始凭证填制的日期；原始凭证填制的单位名称或填制人的姓名；经办人或责任人的签名或盖章；接受单位名称或个人姓名；经济业务的内容、数量、单价和金额。

3. 原始凭证的填制要求

记录内容应真实，计算准确；内容要完整；原始凭证所要求填列的项目必须逐项填列齐全，不得遗漏和省略；手续要完备；书写要清楚、规范。

4. 原始凭证的审核

原始凭证审核的内容：真实性、合法性、合理性、完整性、正确性。

原始凭证审核结果的处理：经审核真实合法、正确无误的原始凭证，应据以编制记账凭证；经审核发现错误的原始凭证，应退回原开具单位重开或更正，并在更正处加盖更正单位印章；经审核发现不真实、不合法的原始凭证，会计人员有权不予接受，并向单位负责人报告。

三、记账凭证

1. 记账凭证的种类

① 记账凭证按其包括的会计科目是否单一，分为复式记账凭证和单式记账凭证两类。

② 复式记账凭证按其记录反映的经济业务的内容不同，可分为专用记账凭证和通用记账凭证。

2. 记账凭证的作用

记账凭证的主要作用在于对原始凭证进行分类、整理，是会计分录的载体，是登记账簿的依据。

3. 记账凭证的填制

填制记账凭证是一项重要的会计工作。记账凭证是登记账簿的依据，如果填制错误，一系列会计信息均会出现错误。

记账凭证的填制必须以审核无误、真实合法的原始凭证为依据，具体填制内容包括日期、编号、摘要、会计科目、金额、空行的注销、附件张数、记账符号、相关人员的签字盖章。

4. 记账凭证的审核

记账凭证审核包括审核原始凭证、审核分录、审核各项目填写是否完整。

记账凭证审核结果的处理：经审核发现错误的记账凭证，如果尚未根据记账凭证登记账簿，应重新编一张正确的记账凭证；经审核正确无误的记账凭证，应据其登记账簿；如果已经根据记账凭证登记账簿，经审核发现错误的记账凭证，应用专门的错账更正方法。

四、会计凭证的传递及保管

1. 会计凭证的传递

会计凭证的传递是指从会计凭证的取得或填制时起至归档保管过程中，在单位内部有关部门和人员之间的传送程序。

2. 会计凭证的保管

会计凭证的保管是指会计凭证记账后的整理、装订、归档和存查工作。

同步练习

任务一 会计凭证概述

一、单选题

1. (　　)是记录经济业务发生或完成情况的书面证明，也是登记账簿的依据。

A. 科目汇总表　B. 会计凭证　C. 原始凭证　D. 记账凭证

2. 会计核算工作的起点和基础是(　　)。

A. 财产清查

B. 登记账簿

C. 合法取得、正确填制和审核的会计凭证

D. 编制财务报表

3. 会计凭证按其填制的程序和用途的不同，分为(　　)。

A. 原始凭证和记账凭证　B. 自制原始凭证和外来原始凭证

C. 累计凭证和汇总凭证　D. 专用记账凭证和通用记账凭证

二、多选题

1. 会计凭证按其填制程序和用途的不同，可以分为(　　)。

A. 原始凭证　B. 记账凭证　C. 一次凭证　D. 累计凭证

2. 下列属于会计凭证的意义的是(　　)。

A. 可以记录经济业务的发生和完成情况

B. 可以检查经济业务的真实性、合法性和合理性，为会计监督提供重要依据

C. 可以反映相关经济利益关系，为维护合法权益提供法律证据

D. 可以为会计核算提供原始依据，可以明确经济责任，为落实岗位责任制提供重要文件

三、判断题

1. 在实务中，会计分录都是通过编制记账凭证登记的。(　　)

2. 记账凭证是会计核算的原始资料和重要依据，是登记账簿的原始依据。(　　)

3. 一切会计凭证都必须经有关人员严格审核，只有审核无误后，才能作为登记账簿的依据。(　　)

任务二 原始凭证

一、单选题

1. “发料凭证汇总表”是(　　)。

A. 汇总原始凭证　　B. 汇总记账凭证

C. 累计凭证　　D. 记账凭证

2. 下列关于审核原始凭证时发现金额错误的处理方法的表述中，正确的是(　　)。

A. 原填制单位重开　　B. 经办人更正

C. 会计人员更正　　D. 会计主管人员更正

3. (　　)是在经济业务发生或完成时取得，反映经济业务发生或完成情况的、具有法律效力的书面证明，是会计核算的基础。

A. 记账凭证　　B. 账簿　　C. 原始凭证　　D. 转账凭证

4. 下面属于审核原始凭证真实性的是(　　)。

A. 审核凭证日期是否真实、业务内容是否真实

B. 审核原始凭证所记录经济业务是否有违反国家法律法规的情况

C. 审核原始凭证各项基本要素是否齐全、是否有漏项情况

D. 审核原始凭证各项金额的计算及填写是否正确

5. 关于“￥100 508.00”的大写金额表述正确的是(　　)。

A. 人民币拾万零伍佰零捌元

B. 人民币拾万零伍佰零捌元整

C. 人民币壹拾万零伍佰零捌元整

D. 人民币壹拾万零伍佰零捌元

二、多选题

1. 下列各项中，(　　)属于原始凭证书写时应当注意的事项。

A. 不得使用未经国务院公布的简化汉字

B. 小写金额用阿拉伯数字逐个书写，也可以写连笔字

C. 金额数字一律填写到角、分，无角、分的，写“00”或符号“-”；有角无分的，分位写“0”，不得用符号“-”

D. 在金额前要填写人民币符号“￥”，人民币符号“￥”与阿拉伯数字之间不得留有空白

2. 原始凭证的审核内容包括：审核原始凭证(　　)等方面。

A. 真实性　　B. 合法性　　C. 正确性　　D. 完整性

3. 原始凭证按照格式的不同，分为(　　)。

A. 自制原始凭证　　B. 外来原始凭证

C. 通用原始凭证　　D. 专用原始凭证

4. 下列属于自制原始凭证的有(　　)。

A. 购货发票　　B. 工资结算表

C. 银行结算凭证　　D. 领料单

5. 下列凭证中，属于自制原始凭证的有(　　)。

A. 领料单　　B. 购货发票

C. 折旧计算表　　D. 银行转账的结算凭证

6. 下列各项中，(　　)属于填制原始凭证时应当注意的事项。

A. 编号要连续　　B. 不得涂改、刮擦、挖补

C. 填制要及时　　D. 内容要完整

7. 不能作为原始凭证核算的有(　　)。

A. 折旧计算表　　B. 银行存款余额调节表

C. 工资结算汇总表　　D. 账户余额试算平衡表

8. 对原始凭证发生的错误，不正确的更正方法有(　　)。

A. 由出具单位重开或更正

B. 由本单位的会计人员代为更正

C. 金额发生错误的，可由出具单位在原始凭证上更正

D. 金额发生错误的，应当由出具单位重开

9. 原始凭证的填制要求包括(　　)。

A. 记录真实　　B. 内容完整　　C. 填制及时　　D. 书写清楚

10. “收料单”是(　　)。

A. 外来原始凭证　　B. 自制原始凭证

C. 一次凭证　　D. 累计凭证

三、判断题

1. 对于不真实、不合法的原始凭证，会计机构、会计人员有权不予接受，并向单位负责人报告。(　　)

2. 自制原始凭证都是一次凭证，外来原始凭证绝大多数是一次凭证。(　　)

3. 原始凭证发生错误的，正确的更正方法是由接受单位在原始凭证上更正。(　　)

4. 企业使用累计原始凭证，如限额领料单，可以减少凭证的填制手续。(　　)

5. 企业每项经济业务的发生都必须从外部取得原始凭证。(　　)

四、简述题

1. 简述原始凭证审核的要求。

2. 经审核发现错误的原始凭证应如何处理？

任务三　记账凭证

一、单选题

1. 记账凭证是根据审核无误的(　　)填制的。

A. 会计科目　　B. 借贷记账法

C. 会计要素　　D. 原始凭证

2. 可以不附原始凭证的记账凭证是(　　)。

A. 更正错误的记账凭证　　B. 从银行提取现金的记账凭证

C. 以现金发放工资的记账凭证　　D. 职工临时性借款的记账凭证

3. 在实际工作中，规模小、业务简单的单位，为了简化会计核算工作，可以使用一种统一格式的(　　)。

A. 转账凭证　　B. 收款凭证

C. 付款凭证　　D. 通用记账凭证

4. 下列各项中，(　　)不属于记账凭证基本要素。

A. 交易或事项的内容摘要　　B. 交易或事项的数量、单价和金额

C. 应记会计科目、方向及金额　　D. 凭证的编号

5. 记账凭证与所附原始凭证的金额(　　)。

A. 可能相等　　B. 可能不相等

C. 有时相等有时不相等　　D. 必须相等

二、多选题

1. 记账凭证按照填制方法的不同，可分为(　　)。

A. 通用记账凭证　　B. 专用记账凭证

C. 复式记账凭证　　D. 单式记账凭证

2. 记账凭证审核的内容包括(　　)。

A. 是否附有有关附件　　B. 与附件金额是否相符
C. 会计科目及记账方向是否正确　　D. 凭证是否符合计划或预算

3. 记账凭证的填制除必须做到记录真实、内容完整、填制及时、书写清楚，还必须符合(　　)要求。
A. 如有空行，应当在空行处划线注销
B. 发生错误应该按规定的方法更正
C. 必须连续编号
D. 除另有规定外，应该有附件并注明附件张数

4. 填制记账凭证时必须符合以下哪项要求？(　　)
A. 业务记录明确　　B. 凭证摘要简明
C. 科目运用准确　　D. 填写内容齐全

5. 记账凭证一般包括下列哪项基本要素？(　　)
A. 记账凭证的编号　　B. 附件及相关人员签章
C. 填制记账凭证的日期　　D. 会计科目、记账方向、金额

6. 必须在所有记账凭证上签名或盖章的有(　　)。
A. 出纳人员　　B. 审核人员
C. 记账人员　　D. 制单人员

7. 下列属于记账凭证特点的有(　　)。
A. 登记账簿的直接依据　　B. 具备法律效力
C. 证明经济业务发生　　D. 企业内部填写

8. 下列各项属于编制记账凭证依据的有(　　)。
A. 汇总原始凭证　　B. 累计原始凭证
C. 科目汇总表　　D. 汇总记账凭证

9. 记账凭证的审核内容包括(　　)。
A. 内容是否真实　　B. 目的是否正确
C. 书写是否正确　　D. 项目是否齐全

10. 填制记账凭证时，下列做法错误的有(　　)。
A. 编制复合会计分录
B. 将不同类型业务的原始凭证合并填制一张记账凭证
C. 一个月内的记账凭证连续编号
D. 从银行提取现金的业务编制现金收款凭证

三、判断题

1. 通用记账凭证和专用记账凭证由于均用以记录经济业务，故二者的格式无差别。(　　)

2. 验收材料时填制的验收单属于记账凭证。(　　)

3. 复式凭证是指将每一笔经济业务事项所涉及的全部账户及其发生额均在同一张记账凭证中反映的一种凭证，该凭证至少涉及3个会计科目。 (　　)

4. 记账凭证编制时出现错误，可按要求更改。 (　　)

5. 记账凭证的“记账符号”栏用“√”表示已经审核完毕。 (　　)

四、业务题

写出下列业务的分录(存款账户为工行长沙支行)：

1. 接受李小二投入货币资金200 000元，当即存入工行长沙支行。

2. 以银行存款偿还前欠三丰公司货款226 000元。

3. 职工杨旺出差，预借差旅费3 000元，以现金支付。

4. 财务室报销办公费2 000元，以现金支付。

5. 万红公司欠本公司的货款100 000元，因其破产财产无法清偿，无法收回，经批准予以核销。

6. 天宇公司宣告发放现金股利，本公司应分得200 000元。

任务四　会计凭证的传递及保管

一、单选题

1. 在审核原始凭证时，对于内容不完整、填写有错误或手续不完备的原始凭证，应该(　　)。

A. 拒绝办理，并向本单位负责人报告

B. 予以抵制，对经办人员进行批评

C. 由会计人员重新编制或予以更正

D. 予以退回，要求更正、补充，然后重新编制

2. 下列不属于原始凭证审核内容的是(　　)。

A. 凭证是否有填制单位的公章和填制人员签章

B. 凭证是否符合规定的审核程序

C. 凭证是否符合有关计划和预算

D. 会计科目是否使用正确

3. 报销差旅费填制的“差旅费报销单”属于(　　)。

A. 原始凭证　　B. 记账凭证　　C. 收款凭证　　D. 付款凭证

4. 在自制原始凭证中，填制手续完成后，已填制的凭证不能再重复使用，这类凭证是(　　)。

A. 外来原始凭证　　B. 一次凭证

C. 累计凭证　　D. 记账凭证

5. 汇总原始凭证与累计原始凭证的主要区别是(　　)。

A. 登记的经济业务内容不同　　B. 填制时期不同

C. 会计核算工作繁简不同　　D. 填制手续和方法不同

二、多选题

1. 在对会计凭证进行保管时，应该注意的地方有(　　)。

A. 会计凭证应定期装订成册，防止散失

B. 会计主管人员和保管人员应在封面上签章

C. 会计凭证上应加贴封条，防止抽换凭证

D. 原始凭证必须附在记账凭证后面

2. 会计凭证的传递要做到(　　)。

A. 程序合理　　B. 时间合理　　C. 手续严密　　D. 责任明确

3. 关于会计凭证的传递和保管，下列说法正确的是(　　)。

A. 科学合理的传递程序应能保证会计凭证在传递过程中的安全、及时、准确和完整

B. 要建立会计凭证交接的签收制度

C. 原始凭证不得外借，也不得复制

D. 会计凭证记账完毕后，应当按分类和编号顺序保管

三、判断题

1. 会计档案保管期限，从会计档案形成后的第一天算起。(　　)

2. 每张记账凭证的后面至少要附有一张原始凭证。(　　)

3. 对于不真实、不合法的原始凭证，会计人员有权不接受并向单位负责人报告。(　　)

4. 填制原始凭证，汉字大写金额一律用正楷或行书字书写，汉字大写金额到元位或角位为止的，后面必须写“正”或“整”，分位后面不写“正”或“整”。(　　)

5. 保管期满的原始凭证，单位可以自行销毁。(　　)

综合技能训练

背景资料：时尚之源服装制造有限公司主要生产男女休闲服装，注册资金 200 万元。其中方舒佳以现金出资 100 万元，出资比例占 50%；李浩以设备出资 60 万元，出资比例占 30%；方杰明以技术出资，出资比例占 20%，其他资料如下表：

法人代表	方舒佳	会计主管	吴一杰
会计	丁千	出纳	刘芳
材料主管	李杰	仓库保管	王雅南
纳税人识别号	500102456789000472	电话	023-12345678
地址、邮编	重庆市沙坪坝区 沙正街 3 号 400000	开户银行、账号	工商银行沙坪坝支行 6222555333449845826
主要材料	棉布、尼龙拉链	主要产品	休闲 T 恤、休闲裤

一、练习原始凭证的填制

1.【资料】2024 年 6 月 10 日，时尚之源服装制造有限公司销售部门王晨报销差旅费，具体情况如下：

出差日期：2024 年 6 月 5 日至 2024 年 6 月 7 日。

出差地点：北京市。

出差事由：业务洽谈。

费用明细：交通费，来回机票 1 500 元(飞机票 2 张)；住宿费，每晚 400 元(住宿发票 1 张)；其他，市内交通补助每天 40 元，伙食补贴每天 50 元。

【要求】请你帮王晨填写差旅费报销单。

差旅费报销单

部门：　　　　　　年　月　日　　　　　　No：002

日期	出发地	到达地	市内交通补助		伙食补贴		车(船)票	住宿费	其他	合计金额
			天数	金额	天数	金额				
合计			人民币(大写)							¥

附单据　张

领导审批：　　　财务主管：　　　出纳：　　　报销人：

图 1　差旅费报销单

2.【资料】2024 年 6 月 18 日，时尚之源服装制造有限公司购进一批棉布，棉布已经全部验收入库，无损耗，货款暂欠。

电子发票（增值税专用发票） 发票号码：24512000000032202356

开票日期：2024 年 6 月 18 日

购买方信息	名称：时尚之源服装制造有限公司 统一社会信用代码/纳税人识别号： 500102456789000472	销售方信息	名称：棉泽布艺商贸有限公司 统一社会信用代码/纳税人识别号： 554693245876005679

项目名称	规格型号	单位	数量	单价	金额	税率/征收率	税额
棉布		米	500	20.00	10000.00	13%	1300.00
合　计：					¥10000.00		¥1300.00
价税合计（大写）	⊗ 人民币壹万壹仟叁佰元整				（小写）¥11300.00		
备注							

开票人：王梅

图 2　电子增值税专用发票

【要求】请填写材料入库单。

入库单

年　月　日

送货企业：　　　　　　　　　　　　　　仓库：材料库　单号：03

材料名称	规格型号	计量单位	入库数量	金额

第三联交财务科

库管员：　　　　　　　　　　　　送货人：李勇

图 3　材料入库单

二、练习记账凭证的填制

【要求】请根据相关原始凭证填制记账凭证。

【资料】时尚之源服装制造有限公司 2024 年 6 月部分经济业务如下：

1. 2024 年 6 月 2 日，开出现金支票提取备用金。

中国工商银行

现金支票存根

IX II 30123423

附加信息________________

出票日期 2024 年 6 月 2 日

收款人：时尚之源服装制造有限公司

金　额：¥10 000.00

用　途：备用金

备　注：

单位主管：方舒佳　会计：丁千

图 4　现金支票存根

记 账 凭 证

年 月 日 字第 号

摘要	会计科目		借方金额											贷方金额											记账 ✓
	总账科目	明细科目	亿	千	百	十	万	千	百	十	元	角	分	亿	千	百	十	万	千	百	十	元	角	分	
附件 张	合计																								

深圳市丽通实业有限公司出品

会计主管 记账 出纳 审核 制证

图 5 记账凭证

2. 2024 年 6 月 8 日，销售一批产品，货款未收。

电子发票（增值税专用发票） 发票号码：24642000000032453387

开票日期：2024 年 6 月 8 日

全国统一发票监制章 国家税务总局 重庆市税务局

购买方信息	名称：时尚漫步商贸公司 统一社会信用代码/纳税人识别号： 552343245686002346	销售方信息	名称：时尚之源服装制造有限公司 统一社会信用代码/纳税人识别号： 500102456789000472

项目名称	规格型号	单位	数量	单价	金额	税率/征收率	税额
休闲T恤		件	200	90.00	18000.00	13%	2340.00
合　计：					¥18000.00		¥2340.00

价税合计（大写）	⊗ 人民币贰万零叁佰肆拾元整	（小写） ¥20340.00
备注		

开票人： 丁千

下载次数:1

图 6 电子增值税专用发票

记 账 凭 证

年 月 日 字第 号

摘要	会计科目		借方金额											贷方金额											记账 ✓
	总账科目	明细科目	亿	千	百	十	万	千	百	十	元	角	分	亿	千	百	十	万	千	百	十	元	角	分	
附件 张	合计																								

深圳市丽通实业有限公司出品

会计主管 记账 出纳 审核 制证

图 7 记账凭证

3. 2024 年 6 月 9 日，支付短期借款利息。

中国工商银行　贷款利息清单

科目：　　　　　　　　　　　　　　　　2024 年 6 月 9 日

贷款户账号	6222555333449845826	结算户账号	6222555333449845826
户名	时尚之源服装制造有限公司		
计息起讫日期	2024 年 5 月 10 日—2024 年 6 月 9 日		
计息总积数		利率	利息金额
80000.00		7.2%	480.00

中国工商银行股份有限公司
沙坪坝支行
2024 年06月09日
转讫

图 8　贷款利息清单

记　账　凭　证

年　　月　　日　　　　　　字第　　号

摘要	会计科目：总账科目	会计科目：明细科目	借方金额（亿 千 百 十 万 千 百 十 元 角 分）	贷方金额（亿 千 百 十 万 千 百 十 元 角 分）	记账√
附件　张	合　计				

会计主管　　记账　　出纳　　审核　　制证

图 9　记账凭证

4. 2024 年 6 月 10 日，销售部门王晨报销差旅费(暂不考虑增值税)，原预借 3 000 元。差旅费报销单见图 1。

记　账　凭　证

年　　月　　日　　　　　　字第　　号

摘要	会计科目：总账科目	会计科目：明细科目	借方金额（亿 千 百 十 万 千 百 十 元 角 分）	贷方金额（亿 千 百 十 万 千 百 十 元 角 分）	记账√
附件　张	合　计				

会计主管　　记账　　出纳　　审核　　制证

图 10　记账凭证

5. 2024 年 6 月 18 日，购进一批棉布，已经验收入库，货款未付。电子增值税专用发票和材料入库单见图 2、图 3。

记 账 凭 证

年 月 日 字第 号

摘要	会计科目		借方金额											贷方金额											记账
	总账科目	明细科目	亿	千	百	十	万	千	百	十	元	角	分	亿	千	百	十	万	千	百	十	元	角	分	√
附件 张	合 计																								

会计主管 记账 出纳 审核 制证

图 11 记账凭证

项目测试

一、单项选择题(在题后的四个备选答案中，选出正确答案填入题干中的括号内，每小题 3 分，共 45 分)

1. “收货汇总表”属于(　　)。

A. 科目汇总表　B. 一次凭证　C. 汇总凭证　D. 记账凭证

2. 记账凭证的填制是由(　　)完成的。

A. 制单人员　B. 会计人员　C. 经办人员　D. 经管人员

3. 下列属于外来原始凭证的是(　　)。

A. 借款单　B. 领料单

C. 入库单　D. 增值税专用发票(发票联)

4. 下列不能作为会计核算原始凭证的是(　　)。

A. 收据　B. 合同

C. 库存商品入库单　D. 领料单

5. 10 月 10 日采购员张明拿日期为 9 月 2 日的发票来报销，经审核后会计人员依据该发票编制记账凭证时，记账凭证的日期可能为(　　)。

A. 9 月 2 日　B. 9 月 30 日　C. 10 月 10 日　D. 10 月 1 日

6. 会计机构、会计人员对真实、合法、合理但内容不准确、不完整的原始凭证，应当(　　)。

A. 不予受理　B. 予以受理

C. 予以纠正　D. 予以退回，要求更正、补充

7. 汇总原始凭证与累计原始凭证的主要区别是(　　)。

A. 登记的经济业务内容不同　B. 填制时期不同

C. 会计核算工作繁简不同　D. 填制手续和方法不同

8. 对于金额有错误的原始凭证，正确的处理方法是(　　)。

A. 由出具单位重开

B. 由出具单位在凭证上更正并由经办人员签名

C. 由出具单位在凭证上更正并由出具单位负责人签名

D. 由出具单位在凭证上更正并加盖出具单位印章

9. 在自制原始凭证中，在一定时期内多次记录发生的同类型经济业务且多次有效的原始凭证，这类凭证是(　　)。

A. 外来原始凭证　　B. 一次凭证

C. 累计凭证　　D. 记账凭证

10. “工资结算汇总表”是(　　)。

A. 汇总原始凭证　　B. 汇总记账凭证

C. 累计凭证　　D. 记账凭证

11. (　　)是在经济业务发生或完成时取得，反映经济业务发生或完成情况的、具有法律效力的书面证明。

A. 记账凭证　　B. 账簿　　C. 原始凭证　　D. 转账凭证

12. 会计凭证按其(　　)的不同，分为原始凭证和记账凭证。

A. 填制单位和人员　　B. 填制程序和方法

C. 填制格式和手续　　D. 填制程序和用途

13. 关于“￥800 508.00”的大写金额表述正确的是(　　)。

A. 人民币零捌拾万零伍佰零捌元　　B. 人民币拾万零伍佰零捌元整

C. 人民币捌拾万零伍佰零捌元整　　D. 人民币捌拾万零伍佰零捌元

14. 下列关于原始凭证取得的时间说法，正确的是(　　)。

A. 经济业务发生时　　B. 填制记账凭证时

C. 登记总账时　　D. 登记明细账时

15. 会计凭证是(　　)的依据。

A. 编制会计报表　　B. 编制汇总表

C. 登记账簿　　D. 编制会计分录

二、多项选择题(在题后的备选答案中，选出两个或两个以上正确答案填入题干中的括号内，每小题 3 分，共 30 分)

1. 在对会计凭证进行保管时，应该注意的地方有(　　)。

A. 会计凭证可以随处摆放

B. 会计主管人员和保管人员应在封面上签章

C. 会计凭证上应加贴封条，防止抽换凭证

D. 原始凭证必须附在记账凭证后面

2. 填制记账凭证时必须符合以下哪项要求？(　　)

A. 业务记录明确　　B. 凭证摘要简明

C. 科目运用准确　　D. 填写内容齐全

3. 下列(　　)属于原始凭证包括的基本要素。

A. 原始凭证的名称

B. 原始凭证的填制日期

C. 经济业务内容摘要，主要是经济业务的项目、名称及有关的附注说明

D. 经济业务所涉及的财物数量、单价和金额

4. 记账凭证一般包括下列哪项基本要素？(　　)

A. 记账凭证的编号　　B. 附件及相关人员签章

C. 填制记账凭证的日期　　D. 经济业务的内容摘要

E. 会计科目、记账方向、金额

5. 下列人员中，不用在所有记账凭证上签名或盖章的有(　　)。

A. 出纳人员　　B. 审核人员　　C. 记账人员　　D. 经管人员

6. 原始凭证的填制要求包括(　　)。

A. 记录真实　　B. 内容完整　　C. 填制及时　　D. 书写清楚

7. 会计凭证的传递要做到(　　)。

A. 程序合理　　B. 时间合理　　C. 手续严密　　D. 责任明确

8. 下列属于外来原始凭证的有(　　)。

A. 购货发票　　B. 工资结算表　　C. 支票存根　　D. 入库单

9. 对原始凭证发生的错误，不正确的更正方法是(　　)。

A. 由本单位重开或更正

B. 由本单位的会计人员代为更正

C. 金额发生错误的，可由出具单位在原始凭证上更正

D. 金额发生错误的，应当由出具单位重开

10. 下列各项不属于编制记账凭证依据的有(　　)。

A. 汇总原始凭证　　B. 累计原始凭证

C. 科目汇总表　　D. 汇总记账凭证

三、判断题(判断下列各题，正确的请打“√”，错误的请打“×”，每小题1分，共10分)

1. 记账凭证编制时出现错误，应撕掉重开。(　　)

2. 自制原始凭证只能由单位会计人员填制。(　　)

3. 为了避免重复记账，企业将现金存入银行或者从银行提取现金的事项，一般只填制收款凭证，不填制付款凭证。(　　)

4. 记账凭证的“记账符号”栏用“√”表示已经审核完毕。(　　)

5. 不能证明经济业务已经发生或完成情况的单证，如购销合同，不可以作为原始凭证据以入账。(　　)

6. 复式凭证记载的会计科目应至少涉及 4 个会计科目。（　　）

7. 企业每项经济业务活动的发生都必须从内部取得原始凭证。（　　）

8. 在证明经济业务的发生或完成方面，自制原始凭证与外来原始凭证具有同等的效力。（　　）

9. 对于真实但不合法的原始凭证，会计人员有权不接受并向单位负责人报告。（　　）

10. 会计人员可以根据审核无误的原始凭证直接登记账簿。（　　）

四、综合题(按要求完成下列各题，第 1 小题 7 分，第 2 小题 8 分，共 15 分)

1. 2024 年 6 月 12 日，重庆新兴吸塑包装公司收到重庆大华包装公司折边机租金人民币 1 017 元，请填制收据一张，并交叉审核。(出纳为何朗，经手人是杨丽丽)

收　　据

年　月　日　　　No. 10121113

交款单位名称（或姓名）	
摘　　要	
人民币（大写）	¥
备　　注	
复核：	出纳：　　　经手人：

第三联交客户

现金收讫

重庆新兴吸塑包装公司 财务专用章

2. 2024 年 3 月 6 日，重庆万方钢铁厂(纳税人识别号：500106505000000)向鸿运文具店(纳税人识别号：654231589885325635)购入打印纸 5 本，单价 5 元；签字笔 200 支，单价 2 元，适用增值税税率 3%，开票人李红。填制下图电子发票，并交叉审核。

电子发票（普通发票）

全国统一发票监制章 国家税务总局 重庆市税务局

发票号码：24512000000029861140

开票日期：　年　月　日

购买方信息	名称： 统一社会信用代码/纳税人识别号：	销售方信息	名称： 统一社会信用代码/纳税人识别号：

项目名称	规格型号	单位	数量	单价	金额	税率/征收率	税额
合　计：							

价税合计（大写）	⊗人民币	（小写）
备注		

开票人：

下载次数：1

项目五　会计账簿

知识梳理

一、会计账簿概述

1. 会计账簿的意义

会计账簿是指由一定格式账页组成的，以经过审核的会计凭证为依据，全面、系统、连续地记录各项经济业务的簿籍。会计账簿是对会计凭证进一步的归类与汇总。

2. 会计账簿的种类

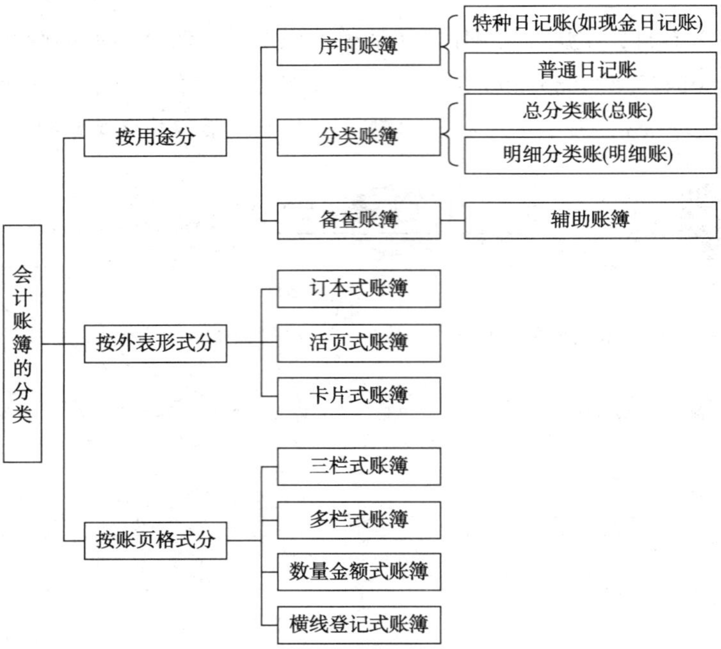

3. 会计账簿的基本要素

会计账簿应具备下列要素：封面、扉页及目录、账页。

二、账簿的设置和使用规则

1. 账簿的设置

小企业账簿的设置包括确定账簿种类、账簿格式，规定登记的内容和方式。账簿设置既要符合国家有关规定，又要考虑本单位规模的大小和经济业务的繁简、会计人员的分工等，既能全面反映经济业务，又能满足管理需要，做到繁简得当。

2. 账簿的使用规则

① 账簿的启用规则。

② 账簿的登记规则。

三、日记账的设置与登记

1. 现金日记账的设置与登记

① 现金日记账的设置：现金日记账采用订本式账簿，账页格式通常采用三栏式。

② 现金日记账的登记：现金日记账由出纳人员根据与现金收付款相关的会计凭证，逐日逐笔登记并逐日结出余额。

2. 银行存款日记账的设置与登记

① 银行存款日记账的设置：银行存款日记账采用订本式账簿，账页格式通常采用三栏式。

② 银行存款日记账的登记：银行存款日记账由出纳人员根据经济业务时间顺序，逐日逐笔登记并逐日结出余额。

四、分类账的设置与登记

1. 总分类账的设置与登记

（1）总分类账的设置

总分类账简称总账，是根据会计科目表上的总分类科目并结合企业实际开设的账簿。每个单位都必须设置总分类账。

总分类账账页格式一般为三栏式，外表形式采用订本账。订本账账页在启用前已经编好页码，因而启用时应充分估计预留页数。

（2）总分类账的登记

总分类账可以根据记账凭证逐笔登记，也可以汇总登记。

2. 明细分类账的设置与登记

明细分类账简称明细账，是根据企业实际需要按明细分类科目开设的账簿，可以为编制会计报表提供必要的详细资料。库存现金和银行存款设了日记账逐日逐笔登记，相当于明细账。

明细分类账从外表形式上看属于活页账；从账页格式上看可以是三栏式、多栏式、数量金额式、横线登记式。

明细分类账的登记：明细分类账应根据审核无误的记账凭证及其所附原始凭证逐日逐笔进行记录，也可以根据经济业务的实际情况和经营管理需要进行汇总记录。

总账与明细账的平行登记：平行登记法，是指发生的每一经济业务事项，既要在总分类账的有关账户中进行总括登记，又要在所属明细分类账有关账户中进行登记的方法。平行登记法包括四个要点：依据相同、方向相同、期间相同、金额相等。

3. 备查账的设置与登记

备查账簿无统一格式，只是根据管理需要和具体的业务内容载明各项需要查阅的资料与数据。

五、结账

1. 结账的概念及意义

结账，就是把一定时期内应记入账簿的经济业务全部登记入账后，计算并记录本期发生额及期末余额，据以编制会计报表，并将余额结转下期或新的账簿的过程。

2. 结账的方法

① 结账的要求。

② 结账的方法。

同步练习

任务一　会计账簿概述

一、单选题

1. 可以作为登记账簿依据的是(　　)。

A. 经济合同　　B. 会计分录　　C. 记账凭证　　D. 有关文件

2. 下列账簿中可以采用卡片账的是(　　)。

A. 原材料总分类账　　B. 现金日记账

C. 固定资产明细分类账　　D. 银行存款总分类账

3. 下列账户的明细账采用三栏式账页的是(　　)。

A. 管理费用　　B. 销售费用　　C. 库存商品　　D. 应收账款

4. 下列各项中，应使用数量金额式账簿的是(　　)。

A. 主营业务收入明细账　　B. 管理费用明细账

C. 生产成本明细账　　D. 原材料明细账

5. 一般情况下，不需要根据记账凭证登记的账簿是(　　)。

A. 总分类账　　　B. 明细分类账　　　C. 日记账　　　D. 备查账

二、多选题

1. 必须采用订本式账簿的是(　　)。

A. 现金日记账　　　B. 明细分类账

C. 银行存款日记账　　　D. 总分类账

2. 账簿按其用途不同，可以分为(　　)。

A. 数量金额式账簿　　　B. 分类账簿

C. 序时账簿　　　D. 辅助账簿

3. 下列账簿中，一般采用多栏式的有(　　)。

A. 资本明细账　　　B. 收入明细账　　　C. 债务明细账　　　D. 费用明细账

4. 按照账页格式的不同，会计账簿分为(　　)。

A. 横线登记式账簿　　　B. 三栏式账簿

C. 数量金额式账簿　　　D. 多栏式账簿

5. 数量金额式账页的收入、发出、结存三栏内分设(　　)。

A. 种类　　　B. 数量　　　C. 单价　　　D. 金额

三、判断题

1. 登记账簿的唯一依据是审核无误的原始凭证。(　　)

2. 在明细账的核算中，只需要进行金额核算的，必须使用三栏式明细账。(　　)

3. 库存商品适合采用多栏式明细账的格式。(　　)

任务二　账簿的设置和使用规则

一、单选题

1. 下列情况不可以用红色墨水记账的是(　　)。

A. 冲账的记账凭证，冲销错误记录

B. 在不设借贷等栏的多栏式账页中，登记减少数

C. 在三栏式账户的余额栏前，印明余额方向的，在余额栏内登记负数余额

D. 在三栏式账户的余额栏前，未印明余额方向的，在余额栏内登记负数余额

2. 下列关于会计账簿启用与保管的做法，不正确的是(　　)。

A. 启用账簿时，要填写“账簿启用登记表”

B. 为明确会计人员责任，登记某种账簿的人员，不必对该账簿的保管负责，应由保管会计档案的人员负责

C. 每日登记账簿，注意书写整齐清洁，不得涂污，避免账页破损，保持账本完整

D. 按有关规定使用账簿，账簿不得外借

3. 费用明细账比较适合使用的账簿格式是(　　)。

A. 两栏式账簿　　B. 三栏式账簿

C. 多栏式账簿　　D. 数量金额式账簿

4. 登记账簿时，错误的做法是(　　)。

A. 字和数字的书写占格距的1/2　　B. 用圆珠笔书写

C. 红字冲销错误记录　　D. 发生的空页上注明“此页空白”

5. 下列各项中，其主要用途是对主要账簿未能记载和记载不全的事项进行补充登记的账簿是(　　)。

A. 总分类账　　B. 特种日记账　　C. 明细分类账　　D. 备查账

6. 下列项目中，(　　)是连接会计凭证和会计报表的中间环节。

A. 复式记账　　B. 设置会计科目和账户

C. 设置和登记账簿　　D. 编制会计分录

7. 活页账一般适用于(　　)。

A. 总分类账　　B. 现金日记账和银行存款日记账

C. 固定资产明细账　　D. 明细分类账

8. 在登记账簿时，如果经济业务发生日期为2024年1月12日，编制记账凭证日期为1月28日，登记账簿日期为1月31日，则账簿中的“日期”栏登记的时间为(　　)。

A. 1月12日　　B. 1月28日　　C. 1月31日　　D. 前三者均可

9. 按照(　　)可以把账簿分为序时账簿、分类账簿和备查账簿。

A. 账户用途　　B. 账页格式　　C. 外形特征　　D. 账簿的性质

10. 固定资产明细账的外表形式可以采用(　　)。

A. 订本式账簿　　B. 卡片式账簿　　C. 活页式账簿　　D. 多栏式账簿

二、多选题

1. 会计账簿登记规则包括(　　)。

A. 记账必须有依据　　B. 按页次顺序连续记

C. 账簿记载的内容应与记账凭证一致　　D. 结清余额

2. 在会计实务中，下列各种情况可以使用红色墨水的有(　　)。

A. 结账时划线

B. 表示冲减的数额

C. 采用划线更正法进行错账更正

D. 在不设借贷方向的账页中表示减少发生额

3. 下列符合登记会计账簿基本要求的是(　　)。

A. 文字和数字的书写应占格距的1/3

B. 不得使用圆珠笔书写

C. 应连续登记，不得跳行、隔页

D. 无余额的账户，在“借或贷”栏内写“0”

4. 任何会计主体都必须设置的账簿有(　　)。

A. 日记账　　B. 备查账　　C. 总分类账　　D. 明细分类账

5. 账簿记录发生错误时，应根据错账的具体情况，按规定的方法进行更正，不得(　　)。

A. 涂改　　B. 用褪色药水消除字迹

C. 挖补　　D. 撕去错页重新抄写

三、判断题

1. 登记账簿时，发生的空行、空页一定要补充书写，不得注销。(　　)

2. 备查账簿不必每年更换新账，可以连续使用。(　　)

3. 固定资产、债权、债务、库存商品、原材料、产成品等明细账应逐日逐笔登记。(　　)

4. 会计账簿暂由本单位财务会计部门保管半年，期满后，交由档案部门保管。(　　)

5. 记账以后，如果发现记账凭证上应借、应贷的会计科目并无错误，只是金额有错误，且所错记的金额小于应记的正确金额，应采用的更正方法是补充登记法。(　　)

四、业务题

重庆万华工厂的会计人员李洪于2024年1月1日启用共计100页的总分类账簿，会计负责人是王华，请在账簿启用表里填写相关内容。

账　簿　启　用　表

单位名称											单位公章
账簿名称											
账簿编号	字第　　号第										
账簿页数	本账簿共计　页										
启用日期	年　月　日										
经管人员		接管			移交			会计负责人			印花税票粘贴处
姓名	盖章	年	月	日	年	月	日	姓名	盖章		印花税票

任务三　日记账的设置与登记

一、单选题

1. 现金日记账和银行存款日记账，应根据有关凭证(　　)。

A. 逐日逐笔登记　　B. 逐日汇总登记

C. 定期汇总登记　　D. 一次汇总登记

2. 现金日记账应该(　　)结出发生额和余额。

A. 每月　　B. 每笔　　C. 每隔 3~5 天　　D. 每日

3. 专门记载某一类经济业务的序时账簿称为(　　)。

A. 普通日记账　　B. 特种日记账

C. 转账日记账　　D. 分录簿

4. 一般情况下需根据记账凭证登记账簿，但哪类账除外？(　　)

A. 总分类账　　B. 明细分类账

C. 备查账　　D. 日记账

5. 下列做法错误的是(　　)。

A. 现金日记账采用三栏式账簿　　B. 原材料明细账采用数量金额式账簿

C. 生产成本明细账采用三栏式账簿　　D. 制造费用明细账采用多栏式账簿

二、多选题

1. 必须逐日结出余额的账簿是(　　)。

A. 库存现金总账　　B. 银行存款总账

C. 库存现金日记账　　D. 银行存款日记账

2. 日记账属于(　　)。

A. 三栏式账簿　　B. 多栏式账簿

C. 序时账簿　　D. 分类账簿

3. 出纳人员可以登记和保管的账簿有(　　)。

A. 现金日记账　　B. 银行存款日记账

C. 现金总账　　D. 银行存款总账

4. 下列属于序时账的有(　　)。

A. 现金日记账　　B. 银行存款日记账

C. 转账日记账　　D. 多栏式日记账

5. 库存现金日记账的记账依据有(　　)。

A. 库存现金收款凭证　　B. 库存现金付款凭证

C. 银行收款凭证　　D. 银行付款凭证

三、判断题

1. 现金日记账是由会计人员根据审核无误的现金收付款凭证和转账凭证按照经济业务的发生顺序，逐日逐笔序时登记。(　　)

2. 账簿中的“年、月、日、凭证字号、摘要、借方、贷方”等栏由出纳直接根据收付款的记账凭证登记。(　　)

3. 银行存款日记账应定期与银行对账单核对，每月至少核对一次。(　　)

4. 正常情况下库存现金允许出现贷方余额。(　　)

5. 现金日记账要做到日清月结，每日都要结出余额，并与库存现金的实际数进行核对，

做到账账相符。 (　　)

四、简答题

现金日记账从外表形式上看和从账页格式上看分别属于哪种账簿?

任务四　分类账的设置与登记

一、单选题

1. 某企业应付账款总分类账户期初贷方余额为10 000元，明细账分别为甲、乙、丙三厂。其中：甲厂贷方4 000元，乙厂贷方3 500元；本期又向丙厂购入一批原材料，货款2 000元，款未付。则丙厂期末余额为(　　)元。

A. 借方2 500　　B. 贷方4 500　　C. 贷方2 000　　D. 借方4 500

2. 下列明细分类账中，可以采用多栏式格式的是(　　)。

A. 应付账款明细分类账　　B. 原材料明细分类账

C. 库存商品明细分类账　　D. 销售费用明细分类账

3. 会计账簿按(　　)分类，分为序时账、分类账、备查账。

A. 用途　　B. 性质　　C. 格式　　D. 外形

4. 生产成本明细账一般采用(　　)明细账。

A. 三栏式　　B. 多栏式　　C. 数量金额式　　D. 任意格式

5. 一般情况下，无须根据记账凭证登记的账簿是(　　)。

A. 总分类账　　B. 明细分类账　　C. 备查账　　D. 日记账

二、多选题

1. 总分类账和明细分类账的关系是(　　)。

A. 总分类账提供总括资料，明细分类账提供详细资料

B. 总分类账和明细分类账平行登记

C. 总分类账统驭、控制所属明细分类账

D. 所有总分类账必须附设明细分类账

2. 登记明细分类账的依据可以是(　　)。

A. 原始凭证　　B. 汇总原始凭证

C. 记账凭证　　　　　　　　　　D. 经济合同

3. 总分类账与明细分类账平行登记的要点是(　　)。

A. 依据相同　　B. 方向相同　　C. 期间相同　　D. 金额相等

4. 下列项目中，可以采用数量金额式格式的是(　　)。

A. 银行存款日记账　　　　　　　B. 应收账款明细分类账

C. 库存商品明细分类账　　　　　D. 材料明细分类账

5. 下列项目中，可以采用三栏式格式的是(　　)。

A. 应收账款明细分类账　　　　　B. 长期借款明细分类账

C. 实收资本明细分类账　　　　　D. 库存现金日记账

三、判断题

1. 明细分类账一般使用活页式账簿，以便根据实际需要，随时添加账页。(　　)

2. 总账登记方法中的“总页与分页”项：“总页”填这一页在这本账中的页码，“分页”填这一页在这个账户中的页码。(　　)

3. 明细分类账从外表形式上看属于订本账。(　　)

4. “生产成本”“制造费用”“管理费用”“应交税费—应交增值税”适用于多栏式明细分类账。(　　)

5. 备查账簿可对某些经济业务的内容提供必要的、详细的参考资料。(　　)

四、简答题

请简要阐述平行登记的要点。

任务五　结　账

一、单选题

1. 下列表述中不正确的是(　　)。

A. 每一账页登记完毕结转下页时，应当结出本页合计数及余额，写在本页最后一行和下页第一行有关栏内，并在摘要栏内注明“过次页”和“承前页”字样

B. 对不需要按月结计本期发生额的账户，需要随时结出余额

C. 总账账户年终结账时需要结出全年发生额和年末余额

D. 年度终了结账时，有余额的账户，需要编制记账凭证将其余额结转下年

2. 年终结账时，要在总账摘要栏内注明“本年合计”字样，结出全年发生额和年末余额，并在合计数(　　)。

A. 上方通栏划单红线　　B. 下方通栏划单红线

C. 上方通栏划双红线　　D. 下方通栏划双红线

3. 下列关于结账的说法，正确的是(　　)。

A. 为了保证编制会计报表的及时性，企业可以提前结账

B. 结账就是把所有账户都结平

C. 年度结账时在本年合计行下方通栏划双红线

D. 结账时，对没有余额的账户在“借”或“贷”余额方向栏内写“无”字

4. 下列关于结账操作的说法，错误的是(　　)。

A. 结账每月只能一次　　B. 结账每月可以多次

C. 结账在月末进行　　D. 结账，即结出每个账户的期末余额

5. 下列关于结账方法的表述中，不正确的是(　　)。

A. 总账账户平时只需结出本月发生额和本月余额

B. 现金、银行存款日记账每月结账时要结出本月发生额和余额

C. 收入、费用等明细账每月结账时要结出本月发生额和余额

D. 需要结计本年累计发生额的某些明细账户，每月结账时，应在“本月合计”行下结出自年初起至本月末止的累计发生额

二、多选题

1. 结账的程序包括(　　)。

A. 将本期内发生的经济业务全部计入有关账簿

B. 根据权责发生制的要求，调整有关账项，合理确定本期的应计收入和应计费用

C. 将损益类科目记入“本年利润”科目，结平所有损益类科目

D. 结算出日记账、总账、明细账的本期发生额和期末余额

2. 下列需要划双红线的有(　　)。

A. 在“本月合计”的下面　　B. 在“本年累计”的下面

C. 在 12 月末的“本年累计”的下面　　D. 在“本年合计”下面

3. 会计账簿中，(　　)可以用红色墨水记账。

A. 按照红字冲账的记账凭证，冲销错误记录

B. 在不设借贷等栏的多栏式账页中，登记减少数

C. 在三栏式账户的余额栏前，如未印明余额方向的(如借或贷)，在余额栏内登记负数余额

D. 会计制度中规定可以用红字登记的其他会计记录

4. 结账是一项将账簿记录定期结算清楚的账务工作。在一定时期结束，为了编制财务

报表，需要进行结账，具体包括(　　)。

A. 月结　　B. 季结　　C. 年结　　D. 半月结

5. 下列各项中，通过编制试算平衡表无法发现的记账错误有(　　)。

A. 记录某项经济业务的借贷方向颠倒

B. 某项经济业务借方金额多记、贷方金额少记

C. 漏记某项经济业务

D. 重记某项经济业务

三、判断题

1. 对需要按月进行月结的账簿，结账时，应在“本月合计”字样下面通栏划单红线，而不是划双红线。(　　)

2. 补充登记法是在记账后发现记账凭证填写的会计科目无误，只是所记金额大于应记金额时，所采用的一种更正方法。(　　)

3. 试算平衡表可以只根据各个账户的本期发生额编制，不填列各账户的期初余额和期末余额。(　　)

4. 结账时，对于没有余额的账户，应当在“借或贷”栏内用“0”表示。(　　)

5. 采用划线更正法时，最后由审核人员在更正处签名盖章，以明确责任。(　　)

四、简答题

请简要阐述月末结账时应如何操作。

综合技能训练

一、练习银行存款日记账登记及结账

【资料 1】时尚之源服装制造有限公司开户银行为工商银行沙坪坝支行，账号6222555333449845826，2024 年 6 月初银行存款日记账的余额为 200 000 元。

【资料 2】2024 年 6 月发生以下和银行存款相关的经济业务(均以文字描述代替原始凭证)：

2 日，开出现金支票提取备用金 10 000 元(记字 001 号)。

3 日，向农村商业银行取得 5 个月期限的贷款 200 000 元(记字 005 号)。

5 日，收回悠逸服饰商贸有限公司前欠本公司部分货款 28 250 元，存入银行(记字 013 号)。

7 日，职工预借差旅费，开出现金支票 3 000 元(记字 022 号)。

8 日，向时尚漫步商贸公司销售一批休闲裤，价款 20 000 元，增值税 2 600 元，价税款均已收到，存入银行(记字 025 号)。

9 日，支付短期借款利息 480 元(记字 027 号)。

10 日，向棉泽布艺商贸有限公司支付前欠货款 226 000 元(记字 033 号)。

12 日，用银行存款支付广告费 10 000 元，增值税 600 元(记字 036 号)。

14 日，支付前欠链界科技有限公司购货款 113 000 元(记字 038 号)。

15 日，通过银行转账支付职工工资 115 000 元(记字 046 号)。

【要求】根据上述业务登记银行存款日记账并结账。

开户银行：________　　银行存款日记账　　银行账号：

年		凭证编号	摘要	银行凭证		对方科目	借方											贷方											借或贷	余额											√
月	日			种类	号码		亿	千	百	十	万	千	百	十	元	角	分	亿	千	百	十	万	千	百	十	元	角	分		亿	千	百	十	万	千	百	十	元	角	分	

图 1　银行存款日记账

二、练习总分类账和明细分类账的平行登记

【资料 1】时尚之源服装制造有限公司 2024 年 6 月初部分账户余额如下：

原材料 87 500 元，其中棉布 80 000 元(4 000 米，20 元/米)；尼龙拉链 7 500 元(1 500 条，5 元/条)。

应付账款 339 000 元，其中棉泽布艺商贸有限公司 226 000 元，链界科技有限公司 113 000 元。

【资料 2】2024 年 6 月发生下列与原材料、应付账款有关的业务(均以文字描述代替原始凭证)：

4 日，向棉泽布艺商贸有限公司购入棉布 2 000 米，每米 20 元，货物已验收入库，款项尚未支付(记字 008 号)。

6 日，生产休闲 T 恤领用棉布 1 500 米，成本 30 000 元；领用尼龙拉链 1 000 条，成本 5 000 元(记字 016 号)。

9 日，向链界科技有限公司购入尼龙拉链 800 条，每条 5 元，货物已验收入库，款项尚未支付(记字 028 号)。

10 日，向棉泽布艺商贸有限公司支付前欠货款 226 000 元（记字 033 号）。

13 日，生产休闲裤领用棉布 2 000 米，成本 40 000 元；尼龙拉链 1 000 条，成本 5 000 元（记字 037 号）。

14 日，向链界科技有限公司支付前欠货款 113 000 元（记字 038 号）。

【要求】根据上述业务编制记账凭证（自备），登记“原材料”“应付账款”账户的总分类账和明细分类账并结账。

总 分 类 账

总第　页　分第　页

年 度　　会计科目及编号：

年		凭证号数		摘要	对方科目	借方											√	贷方											√	借或贷	余额											√
月	日	种类	号数			亿	千	百	十	万	千	百	十	元	角	分		亿	千	百	十	万	千	百	十	元	角	分			亿	千	百	十	万	千	百	十	元	角	分	

图 2　“原材料”总分类账

总 分 类 账

总第　页　分第　页

年 度　　会计科目及编号：

年		凭证号数		摘要	对方科目	借方											√	贷方											√	借或贷	余额											√
月	日	种类	号数			亿	千	百	十	万	千	百	十	元	角	分		亿	千	百	十	万	千	百	十	元	角	分			亿	千	百	十	万	千	百	十	元	角	分	

图 3　“应付账款”总分类账

最高储存量 ______

最低储存量 ______

明 细 分 类 账

本账页数	
本户页数	

编号 ________ 规格 ________　　单位 ________ 名称 ________

年		凭证		摘要	收入（借方）											发出（贷方）											借或贷	余额（结存）										
月	日	种类	号数		数量	单价	百	十	万	千	百	十	元	角	分	数量	单价	百	十	万	千	百	十	元	角	分		数量	单价	百	十	万	千	百	十	元	角	分

图 4　“原材料—棉布”明细分类账

最高储存量 ______

最低储存量 ______

明细分类账

本账页数	
本户页数	

编号 ______ 规格 ______ 单位 ______ 名称 ______

年		凭证		摘要	收入（借方）											发出（贷方）											借或贷	余额（结存）										
月	日	种类	号数		数量	单价	百	十	万	千	百	十	元	角	分	数量	单价	百	十	万	千	百	十	元	角	分		数量	单价	百	十	万	千	百	十	元	角	分

图 5 “原材料—尼龙拉链”明细分类账

明细分类账

总第　　页　分第　　页

年度

______级科目及编号 ______

______级科目及编号 ______

年		凭证号数		摘要	对方科目	借方											√	贷方											√	借或贷	余额											√
月	日	种类	号数			亿	千	百	十	万	千	百	十	元	角	分		亿	千	百	十	万	千	百	十	元	角	分			亿	千	百	十	万	千	百	十	元	角	分	

图 6 “应付账款—棉泽布艺商贸有限公司”明细分类账

明细分类账

总第　　页　分第　　页

年度

______级科目及编号 ______

______级科目及编号 ______

年		凭证号数		摘要	对方科目	借方											√	贷方											√	借或贷	余额											√
月	日	种类	号数			亿	千	百	十	万	千	百	十	元	角	分		亿	千	百	十	万	千	百	十	元	角	分			亿	千	百	十	万	千	百	十	元	角	分	

图 7 “应付账款—链界科技有限公司”明细分类账

项目测试

一、单项选择题（在题后的四个备选答案中，选出正确答案填入题干中的括号内，每小题 3 分，共 45 分）

1. 下列账户的明细账采用三栏式账页的是(　　)。

A. 管理费　　B. 生产成本　　C. 原材料　　D. 预付账款

2. 下列做法中，错误的是(　　)。

A. 银行存款日记账采用三栏式账簿　　B. 原材料明细账采用数量金额式账簿

C. 制造费用明细账采用三栏式账簿　　D. 管理费用明细账采用多栏式账簿

3. 多栏式明细账一般适用于(　　)账户。

A. 负债类　　B. 所有者权益类

C. 资产类　　D. 成本类

4. 现金日记账和银行存款日记账的登记要求：根据有关凭证(　　)。

A. 逐日汇总登记　　B. 逐日逐笔序时登记

C. 定期汇总登记　　D. 一次汇总登记

5. 订本账一般适用于(　　)。

A. 总分类账　　B. 低值易耗品明细账

C. 固定资产明细账　　D. 明细分类账

6. 财产物资明细账一般适用(　　)明细账。

A. 数量金额式　　B. 多栏式　　C. 三栏式　　D. 任意格式

7. 在登记账簿时，如果经济业务发生日期为2024年1月12日，编制记账凭证日期为1月18日，登记账簿日期为1月31日，则账簿中的“日期”栏登记的时间为(　　)。

A. 1月12日　　B. 1月18日　　C. 1月31日　　D. 前三者均可

8. “实收资本”的明细分类账可以采用(　　)。

A. 三栏式　　B. 多栏式　　C. 数量金额式　　D. 卡片式

9. 下列哪种账簿应该每日结出发生额和余额？(　　)

A. 应付账款明细账　　B. 固定资产总账

C. 原材料总账　　D. 现金日记账

10. 下列哪项是按照账户用途分类的？(　　)

A. 序时账簿　　B. 总分类账簿

C. 明细分类账簿　　D. 订本式账簿

11. 关于平行登记法，下列说法错误的是(　　)。

A. 总账与所属明细账登记的依据相同

B. 总账与所属明细账登记的期间相同

C. 总账与所属明细账登记的金额相等

D. 总账与所属明细账登记的详细程度一样

12. 对主要账簿未能记载或者记载不全的事项进行补充登记的账簿是(　　)。

A. 总分类账　　B. 三栏账　　C. 明细分类账　　D. 备查账

13. 某企业其他应付款总分类账户期初贷方余额为14 000元，明细账分别为甲、乙、丙三人。其中：甲贷方4 000元，乙贷方3 500元，丙的其他应付款的本期发生额为2 000元。则丙期末余额为(　　)。

A. 借方 2 500 元　　　　　　　　　　B. 贷方 8 500 元

C. 贷方 2 000 元　　　　　　　　　　D. 借方 4 500 元

14.“应交税费—应交增值税”账户的明细分类核算，其明细账的账页格式主要采用哪种形式？(　　)

A. 数量金额式　　B. 横线登记式　　C. 活页式　　D. 多栏式

15. 结账时，下列不正确的做法是(　　)。

A. 结出当月发生额的，在“本月合计”下面通栏划单红线

B. 结出本年累计发生额的，在“本年累计”下面通栏划单红线

C. 12 月末，结出全年累计发生额的，在下面通栏划单红线

D. 12 月末，结出全年累计发生额的，在下面通栏划双红线

二、多项选择题(在题后的备选答案中，选出两个或两个以上正确答案填入题干中的括号内，每小题 3 分，共 30 分)

1. 任何会计主体都必须设置的账簿有(　　)。

A. 三栏账　　B. 备查账　　C. 总分类账　　D. 明细分类账

2. 账簿按其外表形式，可以分为(　　)。

A. 三栏式　　B. 订本式　　C. 卡片式　　D. 多栏式

3. 下列适用多栏式明细账的是(　　)。

A. 生产成本　　B. 制造费用　　C. 管理费用　　D. 应付账款

4. 账簿记录发生错误时，应根据错账的具体情况，按规定的方法进行更正，不得(　　)。

A. 涂改刮擦　　B. 消除字迹　　C. 挖补　　D. 撕去错页

5. 会计账簿按其用途的不同，可以分为(　　)。

A. 序时账簿　　B. 分类账簿　　C. 订本账簿　　D. 数量金额式账簿

6. 在会计账簿扉页上填列的内容包括(　　)。

A. 账簿名称　　B. 单位名称　　C. 账户名称　　D. 起止页次

7. 下列明细账中，应采用多栏式账页的有(　　)。

A. 库存商品—甲产品　　　　　　　　B. 原材料—A 材料

C. 管理费用　　　　　　　　　　　　D. 生产成本—乙产品

8. 会计账簿中，(　　)可以用红色墨水记账。

A. 更正错误

B. 在不设借贷等栏的多栏式账页中，登记减少数

C. 在三栏式账户的余额栏前，如未印明余额方向的(如借或贷)，在余额栏内登记负数余额

D. 在不设借贷等栏的多栏式账页中，登记增加数

9. 不必须采用订本式账簿的是(　　)。

A. 现金日记账　　　　B. 生产成本明细分类账

C. 银行存款日记账　　　　D. 固定资产明细账

10. 下列不属于序时账的有(　　)。

A. 现金日记账　　　　B. 银行存款日记账

C. 应收账款明细账　　　　D. 主营业务收入明细账

三、判断题(判断下列各题，正确的请打“√”，错误的请打“×”，每小题 1 分，共 10 分)

1. 现金日记账和银行存款日记账的外表形式必须采用活页式账簿。(　　)

2. 任何单位都必须设置的账户有总分类账和日记账。(　　)

3. 所有明细分类账的外表形式都必须采用订本式账簿。(　　)

4. 为了保证现金日记账的安全和完整，现金日记账必须使用订本账。(　　)

5. 记账时不得使用铅笔或圆珠笔书写。(　　)

6. 凡是明细账都使用活页式账簿。(　　)

7. 各账户在一张账页记满时，应在该账页最后一行结出余额，并在“摘要”栏注明“转次页”字样。(　　)

8. 登记账簿时，发生的空行、空页一定要补充书写，不得注销。(　　)

9. 出纳应在现金日记账将每笔业务登记完毕，即结出余额，并与库存现金进行核对。(　　)

10. 账簿中书写的文字和数字上面要留有适当空距，一般应占不超过行距的 1/3，以便发现错误时进行修改。(　　)

四、综合题(按要求完成下列各题，共 15 分)

华明公司某年 3 月初有关账户余额如下：

资产账户	金额	权益账户	金额
库存现金	3 000	短期借款	250 000
银行存款	70 000	应付账款	193 000
原材料	100 000	应交税费	8 000
固定资产	800 000	长期借款	180 000
库存商品	30 000	实收资本	400 000
生产成本	28 000		
合计	1 031 000	合计	1 031 000

该公司本月发生下列经济业务：

1. 从银行提取现金 1 000 元。

2. 接受投资者投入设备一台计 10 000 元。

3. 购进材料一批计 12 000 元，已入库，暂不考虑税费，以银行存款支付。

4. 生产产品领用原材料 6 000 元。

5. 以银行存款偿还短期借款 50 000 元。

6. 收到购货单位前欠货款 20 000 元，存入银行。

要求：根据上述经济业务编制会计分录，并登记银行存款和短期借款的“T”型账户。

借	银行存款	贷

借	短期借款	贷

项目六　筹资业务分析、凭证填制及账簿登记

知识梳理

一、投资者投入资本的核算

1. 投资者投入资本概述

小企业成立之初，最主要的资金来源是投资者的资金投入。投资者可以用货币资金、实物资产、无形资产进行投资。投资者投入的资本既包括构成小企业注册资本部分的金额，即实收资本；也包括投入资本超过注册资本部分的溢价金额，即资本公积。

2. 投资者投入资本的账务处理

接受投资： 借：银行存款/原材料/固定资产/无形资产等 　　应交税费—应交增值税（进项税额）（一般纳税人取得增值税专用发票） 　　贷：实收资本—某投资人、资本公积—资本溢价
资本公积转增资本： 借：实收资本 　　贷：资本公积

二、借款的核算

1. 借款概述

小企业在生产经营过程中，其资金来源除了投资者投入，还可以向银行或其他金融机构借款，借入款项按偿还期限不同，可以分为短期借款和长期借款。

2. 借款的账务处理

（1）短期借款的账务处理

短期借款是指小企业向银行等金融机构等借入的期限在 1 年内的各种借款。

取得短期借款： 借：银行存款—某银行 　　贷：短期借款—某银行	合同约定利息支付日支付利息： 借：财务费用 　　贷：银行存款—某银行
合同约定利息支付日，计提暂不支付利息： 借：财务费用 　　贷：应付利息—某银行	支付合同约定利息支付日暂未支付的利息及滞纳金： 借：应付利息—某银行 　　营业外支出 　　贷：银行存款—某银行
偿还短期借款本金： 借：短期借款—某银行 　　贷：银行存款—某银行	

（2）长期借款的账务处理

长期借款是指小企业向银行或其他金融机构借入的期限在 1 年以上的各项借款。一般用于固定资产的购建、改扩建工程、大修理工程、对外投资以及保持长期经营能力等方面，是企业非流动负债的重要组成部分。

取得长期借款： 借：银行存款—某银行 　　贷：长期借款—某银行	合同约定利息支付日支付利息： 借：财务费用/在建工程等 　　贷：银行存款—某银行
合同约定利息支付日，计提暂不支付利息： 借：财务费用/在建工程等 　　贷：应付利息—某银行（仅限于分期付息）	支付合同约定利息支付日暂未支付的利息及滞纳金： 借：应付利息—某银行 　　营业外支出 　　贷：银行存款—某银行
偿还长期借款本金： 借：长期借款—某银行 　　贷：银行存款—某银行	

同步练习

任务一　投资者投入资本的核算

一、单选题

1.“实收资本”账户属于(　　)账户。

A. 资产类　　B. 所有者权益类

C. 负债类　　D. 成本类

E. 损益类

2.“实收资本”账户贷方余额表示(　　)。

A. 小企业实有资本的数额

B. 小企业对外投入资本的数额

C. 小企业实际收到的投入资本的数额

D. 小企业减少资本的数额

3. 收到投资者投入的，构成小企业注册资本的资本金，正确的会计分录是(　　)。

A. 借：银行存款
　　贷：资本公积

B. 借：实收资本
　　贷：银行存款

C. 借：银行存款
　　贷：实收资本

D. 借：固定资产
　　贷：实收资本

4. 小企业收到投资者投入的设备，正确的会计分录是(　　)。

A. 借：银行存款
　　贷：实收资本

B. 借：实收资本
　　贷：固定资产

C. 借：无形资产
　　贷：实收资本

D. 借：固定资产
　　贷：实收资本

5. 小企业收到投资者投入的商标权，正确的会计分录是(　　)。

A. 借：银行存款
　　贷：实收资本

B. 借：实收资本
　　贷：无形资产

C. 借：无形资产
　　贷：实收资本

D. 借：固定资产
　　贷：实收资本

6. 在下列各项中，不属于企业筹资活动主要交易和事项的是(　　)。

A. 接受投资者投资　　B. 从银行借款

C. 销售商品　　D. 发行债券

7. 有限责任公司增资扩股时，如果有新的投资者加入，则新加入的投资者缴纳的出资额大于按约定比例计算的其在注册资本中所占份额部分，应计入的贷方账户是(　　)。

A. 实收资本　　B. 股本　　C. 资本公积　　D. 盈余公积

二、多选题

1.“银行存款”账户是用来核算企业存放在(　　)的款项。

A. 家里　　B. 企业　　C. 开户银行　　D. 金融机构

2. 投资者可以用(　　)对小企业进行投资。

A. 货币　　B. 存货　　C. 固定资产　　D. 无形资产

3. 小企业的固定资产包括(　　)。

A. 房屋、建筑物　　B. 机器、机械

C. 运输工具、设备　　D. 器具、工具

4. 应在“无形资产”账户进行核算的是(　　)。

A. 专利权　　B. 存货　　C. 非专利技术　　D. 商标权

5. 下列关于“无形资产”账户表述正确的是(　　)。

A. 贷方记增加　　B. 借方记增加

C. 余额在贷方　　D. 余额在借方

6. 下列表述正确的是(　　)。

A. 投资者投入的资本也需要支付利息

B. 投资者投入的资本不需要偿还

C. 一般情况下，向银行等金融机构的借款不但需要偿还本金，还需要支付利息

D. 向银行等金融机构的借款按偿还期限的长短，可以分为短期借款和长期借款

三、判断题

1.“银行存款”账户不需要进行明细分类核算。(　　)

2.“实收资本”账户可以按照不同投资者进行明细分类核算。(　　)

3.“固定资产”账户借方余额反映小企业现有固定资产的原始价值。(　　)

4. 固定资产属于资产类账户。(　　)

5.“无形资产”账户借方余额反映小企业现有无形资产的净值。(　　)

6. 投资者投入的资本都应该计入“实收资本”账户。(　　)

7. 投资者投入的资本，不得变动。(　　)

8. 固定资产属于流动资产。(　　)

9. 无形资产属于非流动资产。(　　)

四、业务题

【资料】力合股份公司 2024 年发生下列经济业务，请做出会计分录。

1. 接受大力公司投资 500 000 元存入银行。

2. 收到电子公司投资，其中设备估价 700 000 元，交付使用，材料价值 55 000 元验收

入库。

3. 收到某外商投资投入的录像设备一台，价值240 000元，按照协议规定占注册资本的200 000元，该设备交付使用。

任务二　借款的核算

一、单选题

1.“短期借款”账户属于(　　)账户。

A. 资产类　B. 所有者权益类　C. 负债类　D. 成本类

2. 支付银行的手续费计入(　　)账户。

A. 财务费用　B. 管理费用　C. 销售费用　D. 生产成本

3. 2024年6月8日，小企业A公司按合同约定应支付工商银行短期借款利息，由于公司资金紧张，暂时无法支付，其正确的账务处理是(　　)。

A. 借：财务费用
　　贷：预提费用

B. 借：财务费用
　　贷：应付利息

C. 借：管理费用
　　贷：应付利息

D. 借：销售费用
　　贷：应付利息

4.“应付利息”账户属于(　　)账户。

A. 资产类　B. 所有者权益类　C. 负债类　D. 成本类

5. 小企业按合同约定在应付利息日支付利息，其正确的账务处理是(　　)。

A. 借：财务费用
　　贷：银行存款

B. 借：应付利息
　　贷：银行存款

C. 借：管理费用
　　贷：银行存款

D. 借：销售费用
　　贷：银行存款

6. 小企业支付在应付利息日未支付利息，其正确的账务处理是(　　)。

A. 借：财务费用
　　贷：银行存款

B. 借：应付利息
　　贷：银行存款

C. 借：管理费用
　　贷：银行存款

D. 借：销售费用
　　贷：银行存款

7. 小企业向银行借得 1 年期的借款，其正确的账务处理是(　　)。

A. 借：银行存款
　　贷：长期借款

B. 借：银行存款
　　贷：短期借款

C. 借：银行存款
　　贷：应付利息

D. 借：银行存款
　　贷：财务费用

8. 小企业为建造厂房向银行借入期限为 2 年的贷款，本月按合同约定支付利息(该厂房尚未完工)，其利息费用应计入(　　)账户。

A. 财务费用　　B. 管理费用　　C. 销售费用　　D. 在建工程

9. 小企业向银行取得半年期的贷款，贷记(　　)账户。

A. 短期借款　　B. 长期借款　　C. 应付利息　　D. 实收资本

10. 小企业偿还银行 1 年期限的贷款本金时，借记(　　)账户。

A. 实收资本　　B. 长期借款　　C. 应付利息　　D. 短期借款

二、多选题

1. 下列关于短期借款的表述正确的是(　　)。

A. 其债权人不仅包括银行，还包括其他金融机构

B. 借款期限较短，为 1 年以内(含 1 年)

C. 不仅应偿还本金，还应支付相应的利息费用

D. 短期借款不仅包括人民币借款，还包括外币借款

2. 下列关于“财务费用”账户表述正确的是(　　)。

A. “财务费用”账户属于损益类账户

B. “财务费用”账户核算向银行或金融机构支付的利息、手续费等费用

C. “财务费用”账户期末无余额

D. “财务费用”账户借方记减少，贷方记增加

3. 下列账务处理正确的是(　　)。

A. 小企业从小额贷款公司取得半年期贷款时，借记“银行存款”账户，贷记“其他应收款”账户

B. 小企业从金融机构取得 1 年期贷款时，借记“银行存款”账户，贷记“长期借款”账户

C. 小企业从小额贷款公司取得半年期贷款时，借记“银行存款”账户，贷记“短期借款”账户

D. 小企业从金融机构取得 1 年期贷款时，借记“银行存款”账户，贷记“短期借款”账户

4. 下列关于利息的账务处理正确的是(　　)。

A. 小企业在应付利息日支付小额贷款公司利息时，借记“财务费用”账户，贷记“银行存款”账户

B. 小企业在应付利息日支付小额贷款公司利息时，借记“应付利息”账户，贷记“银行存款”账户

C. 小企业向小额贷款公司支付按合同约定未支付的利息时，借记“应付利息”账户，贷记“银行存款”账户

D. 小企业向小额贷款公司支付按合同约定未支付的利息时，借记“财务费用”账户，贷记“银行存款”账户

5. 下列关于长期借款的表述，正确的是(　　)。

A. 其债权人不仅包括银行，还包括其他金融机构

B. 借款期限较长，为1年以上(含1年)

C. 不仅应偿还本金，还应支付相应的利息费用

D. 长期借款不仅包括人民币借款，还包括外币借款

6. 小企业长期借款的利息，可以计入的账户有(　　)。

A. 财务费用　　B. 管理费用　　C. 销售费用　　D. 在建工程

7. 小企业在成立之初，其筹集资金的渠道主要有(　　)。

A. 投资者投入　　B. 企业举债　　C. 发行股票　　D. 发行债券

三、判断题

1. 短期借款的期限较短，在1年以内，不包含1年。(　　)

2. 投资者投入的资本和向金融机构的借款，都需要偿还。(　　)

3. “财务费用”账户属于费用类账户，期末无余额。(　　)

4. “应付利息”账户贷方登记应付利息日应付未付的利息。(　　)

5. 应付利息属于非流动负债。(　　)

6. 长期借款属于非流动负债。(　　)

7. 短期借款属于流动负债。(　　)

8. 长期借款的期限较长，在1年以上，包含1年。(　　)

9. 在实务中，小企业存在向第三方(如个人)借入的款项并且应负担利息费用，也视同短期借款进行会计处理。(　　)

四、业务题

1. 练习以下借款涉及的相关分录：

(1) 2024年1月21日向农村商业银行借入8月期的短期借款30万元，利率8%，每月付息。

(2) 2024年2月20日，归还向农村商业银行借入的短期借款利息。

(3) 2024年6月20日，归还向农村商业银行借入的短期借款本金和最后一个月利息。

2. 完成下列相关分录：

(1)经企业决定，于2024年9月1日，为构建一间厂房向银行借入100万元的长期借款，借款期限为3年，年利率为6.8%，每3个月还息一次。要求每月计提利息。

(2) 2024年9月15日，企业用该笔款项购买相关设备用于建造厂房，价值80万元，取得增值税专用发票，款已付。

(3) 2024年9月30日计提本月利息。

(4) 2024年11月30日归还3月期利息。

(5) 2025年8月30日，该项固定资产建造完工，投入使用。

(6) 2026年8月30日，归还本金及最后一期利息。

综合技能训练

一、练习投资者投入资本的账务处理

【资料】2024年7月2日，时尚之源服装制造有限公司收到王伟的投资，全部款项一次性缴清，存入银行。

中国工商银行现金缴款单（回单）

2024年7月2日

客户填写栏	收款单位	全称	时尚之源服装制造有限公司	款项来源	王伟投资款									
		账号	6222555333449845826	款项类别	现金，本行票据：1张									
	人民币（大写）	贰拾万元整			千	百	十	万	千	百	十	元	角	分
						¥	2	0	0	0	0	0	0	0
银行记录	中国工商银行股份有限公司 沙坪坝支行 2024.07.02 受理凭证专用章 收妥抵用													

此联是银行给汇款单位的回单

图1 现金缴款单

【要求】1. 根据原始凭证填制记账凭证。

2. 登记“银行存款”“实收资本”账户的总分类账和明细分类账。（“银行存款”账户期初余额 277 870 元，“实收资本”账户期初余额 2 000 000 元）

记 账 凭 证

年 月 日　　　　字第 号

深圳市前通实业有限公司出品

摘要	会计科目		借方金额											贷方金额											记账
	总账科目	明细科目	亿	千	百	十	万	千	百	十	元	角	分	亿	千	百	十	万	千	百	十	元	角	分	√
附件 张	合计																								

会计主管　　记账　　出纳　　审核　　制证

图 2　记账凭证

总 分 类 账

总第 页 分第 页

年 度　　　　会计科目及编号：

年		凭证号数		摘要	对方科目	借方											√	贷方											√	借或贷	余额											√
月	日	种类	号数			亿	千	百	十	万	千	百	十	元	角	分		亿	千	百	十	万	千	百	十	元	角	分			亿	千	百	十	万	千	百	十	元	角	分	

图 3　“银行存款”总分类账

总 分 类 账

总第 页 分第 页

年 度　　　　会计科目及编号：

年		凭证号数		摘要	对方科目	借方											√	贷方											√	借或贷	余额											√
月	日	种类	号数			亿	千	百	十	万	千	百	十	元	角	分		亿	千	百	十	万	千	百	十	元	角	分			亿	千	百	十	万	千	百	十	元	角	分	

图 4　“实收资本”总分类账

开户银行：______________ 银行存款日记账 银行账号：

年		凭证编号	摘要	银行凭证		对方科目	借方											贷方											借或贷	余额											√
月	日			种类	号码		亿	千	百	十	万	千	百	十	元	角	分	亿	千	百	十	万	千	百	十	元	角	分		亿	千	百	十	万	千	百	十	元	角	分	

图 5 “银行存款”日记账

明细分类账

总第 页 分第 页

年度

______级科目及编号 ______________

______级科目及编号 ______________

年		凭证号数		摘要	对方科目	借方											√	贷方											√	借或贷	余额											√
月	日	种类	号数			亿	千	百	十	万	千	百	十	元	角	分		亿	千	百	十	万	千	百	十	元	角	分			亿	千	百	十	万	千	百	十	元	角	分	

图 6 “实收资本”明细分类账

二、练习取得短期借款的账务处理

【资料】2024 年 7 月 4 日，时尚之源服装制造有限公司向工商银行沙坪坝支行借款。

中国工商银行 **借款借据**

2024 年 7 月 4 日 借款编号：2024120405

借款企业名称	时尚之源服装制造有限公司	结算户账号	6222555333449845826	贷款户账号	6222555333449845826
贷款用途	经营			贷款种类	短期贷款
借款金额	人民币（大写） 壹拾万元整			千 百 十 万 千 百 十 元 角 分	¥ 1 0 0 0 0 0 0 0
银行审查意见 同意 盖章	到期日期	2025 年 7 月 4 日	利率	年息 5.8%	
	（银行盖章） 年 月 日				

中国工商银行股份有限公司沙坪坝支行

中国工商银行股份有限公司沙坪坝支行 2024.07.04 办讫章

图 7 借款借据

【要求】1. 根据原始凭证填制记账凭证；

2. 登记“银行存款”“短期借款”总分类账和明细分类账。（“银行存款”账户续前登记，“短期借款”账户期初余额 300 000 元）

记　账　凭　证

年　　月　　日　　　　字第　　号

摘要	会计科目		借方金额											贷方金额											记账√
	总账科目	明细科目	亿	千	百	十	万	千	百	十	元	角	分	亿	千	百	十	万	千	百	十	元	角	分	
附件　张	合计																								

深圳市前通实业有限公司出品

会计主管　　记账　　出纳　　审核　　制证

图 8　记账凭证

总 分 类 账

总第　页　分第　页

年 度　　会计科目及编号：

年		凭证号数		摘要	对方科目	借方											√	贷方											√	借或贷	余额											√
月	日	种类	号数			亿	千	百	十	万	千	百	十	元	角	分		亿	千	百	十	万	千	百	十	元	角	分			亿	千	百	十	万	千	百	十	元	角	分	

图 9　“短期借款”总分类账

明 细 分 类 账

总第　页　分第　页

____级科目及编号 ____

年度　　____级科目及编号 ____

年		凭证号数		摘要	对方科目	借方											√	贷方											√	借或贷	余额											√
月	日	种类	号数			亿	千	百	十	万	千	百	十	元	角	分		亿	千	百	十	万	千	百	十	元	角	分			亿	千	百	十	万	千	百	十	元	角	分	

图 10　“短期借款”明细分类账

项目测试

一、单项选择题(在题后的四个备选答案中，选出正确答案填入题干中的括号内，每小题 2 分，共 30 分)

1. “短期借款”贷方核算的内容是(　　)。

A. 借款人的借款本金　　B. 预提的借款利息

C. 偿还的借款本金　　D. 偿还的借款本金和利息

2. 有限责任公司增资扩股时，如果有新的投资者加入，则新加入的投资者缴纳的出资额大于按约定比例计算的其在注册资本中所占份额部分，应计入的贷方账户是(　　)。

A. 实收资本　　B. 股本　　C. 资本公积　　D. 盈余公积

3. 企业计提短期借款的利息支出时应借记的账户是(　　)。

A. 财务费用　　B. 预提费用　　C. 应付利息　　D. 在建工程

4. 为筹集生产经营所需资金而发生的费用称为(　　)。

A. 借入资本　　B. 投入资本　　C. 管理费用　　D. 财务费用

5. 企业为建造工程所借入的长期借款在工程完工达到可使用状态之前发生的利息支出应计入(　　)。

A. 管理费用　　B. 财务费用　　C. 固定资产　　D. 在建工程

6. 下列关于长期借款利息费用会计处理的表述中，不正确的是(　　)。

A. 符合资本化条件的借款利息计入相关资产成本

B. 日常生产经营活动不符合资本化条件的借款利息计入财务费用

C. 筹建期间不符合资本化条件的借款利息计入长期待摊费用

D. 筹建期间不符合资本化条件的借款利息计入管理费用

7. A 公司为有限责任公司，于 5 年前成立，公司成立时注册资本为 1 000 万元，红星公司现在欲投入资本 600 万元，占 A 公司全部有表决权资本的 1/3，则 A 公司接受红星公司投资时，实收资本增加额为(　　)。

A. 1 000 万元　　B. 600 万元　　C. 500 万元　　D. 400 万元

8. 关于实收资本，下列说法错误的是(　　)。

A. 实收资本在一般情况下无须偿还，可以长期周转使用

B. 小企业根据有关规定，增加注册资本，应当计入“实收资本”账户

C. 实收资本是指投资者按照合同协议约定或相关规定投入小企业、构成小企业注册资本的部分

D. 小企业收到投资者的投资，按照其在注册资本中所占的份额，记入“实收资本”账户，超过注册资本的部分，记入“盈余公积”账户

9. 下列各项中，属于资本公积的是(　　)。

A. 资本溢价　　B. 法定盈余公积

C. 任意盈余公积　　D. 未分配利润

10. 小企业借入长期借款在按照借款本金和借款合同利率计提利息时，贷方应计入(　　)账户。

A. 长期应付款　　B. 银行存款　　C. 其他应付款　　D. 应付利息

11. 某公司于1月1日从银行借入资金2 000万元，借款期限为3年，年利率为5%，每年付息，到期还本。利息从次年开始每年年初支付。所借款项已存入银行。当年12月31日该长期借款的账目价值为(　　)万元。

A. 2 050　　B. 2 000　　C. 2 100　　D. 2 200

12. 短期借款是指小企业向银行或者其他金融机构等借入的期限在(　　)内的各种借款。

A. 3个月　　B. 6个月　　C. 9个月　　D. 1年

13. 某企业向银行借入一笔期限为3年的款项，用于购置生产设备。该笔款项应计入以下哪个科目？(　　)

A. 短期借款　　B. 长期借款　　C. 应付账款　　D. 预收账款

14. 某企业在会计年度内借入一笔长期借款，年利率为5%，借款金额为100万元。企业在年末计提该笔短期借款的利息时，应作以下哪项会计分录？(　　)

A. 借：财务费用5万，贷：应付利息5万

B. 借：应付利息5万，贷：财务费用5万

C. 借：短期借款5万，贷：应付利息5万

D. 借：财务费用5万，贷：银行存款5万

15. 某企业在会计期末对长期借款进行核算时，发现部分长期借款将在1年内到期。对于这部分即将到期的长期借款，企业应在资产负债表中如何列示？(　　)

A. 仍列示在“长期借款”科目下

B. 列示在“短期借款”科目下

C. 列示在“1年内到期的非流动负债”科目下

D. 列示在“其他流动负债”科目下

二、多项选择题(在题后的备选答案中，选出两个或两个以上正确答案填入题干中的括号内，每小题3分，共30分)

1. 关于长期借款，下列说法正确的有(　　)。

A. 长期借款是小企业向银行或其他金融机构借入的期限在1年以上(含1年)的各项借款本金

B. 小企业借入长期借款时，借记“银行存款”账户，贷记“长期借款”账户

C. 在应付利息日，小企业应当按照借款本金和借款合同利率计提利息费用，借记“财务费用”“在建工程”等账户，贷记“应付利息”账户

D. 小企业偿还长期借款本金时，借记“长期借款”账户，贷记“银行存款”账户

2. 下列各项中，属于所有者权益的有(　　)。

A. 资本公积　　B. 实收资本　　C. 盈余公积　　D. 未分配利润

3. 所有者权益的来源包括(　　)。

A. 投资者投入企业的资本

B. 投资者投入的资本超过注册资本中所占份额的部分

C. 未分配利润

D. 小企业按照法律规定在税后利润中提取的法定盈余公积和任意盈余公积

4. 企业在进行筹资活动时，以下哪些情况会导致所有者权益增加？(　　)

A. 吸收新的投资者投入资本　　B. 资本公积转增实收资本

C. 盈余公积转增实收资本　　D. 借入长期借款

5. 下列关于短期借款的表述，正确的有(　　)。

A. 短期借款的期限通常在 1 年以内

B. 短期借款主要用于企业临时性资金需求

C. 短期借款的利息计入财务费用

D. 短期借款可以用于长期投资

6. 企业在借入长期借款时，可能涉及的会计科目有(　　)。

A. 长期借款　　B. 银行存款　　C. 应付利息　　D. 在建工程

E. 财务费用

7. 核算短期借款利息时，可能涉及的会计账户有(　　)。

A. 应付利息　　B. 财务费用　　C. 银行存款　　D. 短期借款

8. 2024 年 7 月 1 日，某企业向银行借入生产经营用短期借款 300 万元，期限为 6 个月，年利率为 4.5%，本金到期一次性归还，利息按月计提、按季度支付，不考虑其他因素。下列各项中，该企业 9 月 30 日支付利息的会计处理不正确的是(　　)。

A. 借：财务费用 33 750 元；贷：银行存款 33 750 元

B. 借：财务费用 11 250 元，应付利息 22 500 元；贷：银行存款 33 750 元

C. 借：财务费用 11 250 元，短期借款 22 500 元；贷：银行存款 33 750 元

D. 借：短期借款 33 750 元；贷：银行存款 33 750 元

9. 下列各项中，关于制造业企业预提短期借款利息的会计科目处理正确的有(　　)。

A. 贷记“应付账款”科目　　B. 借记“制造费用”科目

C. 贷记“应付利息”科目　　D. 借记“财务费用”科目

10. 关于长期借款的核算，下列说法正确的有(　　)。

A. 长期借款应设置“本金”“利息调整”及“应计利息”等进行明细核算

B. 长期借款期末贷方余额反映企业尚未偿还的长期借款的摊余成本

C. 长期借款期末贷方余额反映企业尚未偿还的长期借款的公允价值

D. 应该根据借款本金和合同票面利率计算应付未付的利息

三、判断题(判断下列各题，正确的请打“√”，错误的请打“×”，每小题1分，共10分)

1. 以银行长期借款等长期负债购建的固定资产，发生的借款利息应全部包括在固定资产的取得成本中。 (　　)

2. 购建厂房发生的借款利息达到预定可使用状态后的部分计入财务费用。 (　　)

3. 不论短期借款的用途如何，企业发生的短期借款利息支出，均应计入当期损益。 (　　)

4. 长期借款的利息支出应根据利息支出的具体情况予以资本化或计入当期损益。 (　　)

5. 负债的流动性是指偿债的先后顺序。 (　　)

6. 长期负债指归还期在1年及1年以内的债务。 (　　)

7. 投入的资本金就是实收资本。 (　　)

8. 资金筹集是企业资金运动的起点，而资金退出则是企业资金运动的终点。 (　　)

9. 企业收到投资者投入的资本，超过其占注册资本份额的部分，也应确认为企业的实收资本或股本。 (　　)

10. 长期借款的期末借方余额，表示企业尚未偿还的各种长期借款。 (　　)

四、业务题(完成下列分录题，每小题3分，共30分)

长城工厂为增值税一般纳税人，2025年4月份发生下列经济业务：

1. 1日，向银行申请取得期限3个月的借款200 000元，已存入银行。

2. 5日，远洋公司以新建厂房一栋向本企业进行投资，评估价值为15 000 000元(含增值税，税率9%，取得增值税专用发票)。

3. 10日，向银行归还已到期的2年期借款本金1 200 000元，利息60 000元。

4. 18日，收到大华公司投资资金1 200 000元，协议占股1 000 000元。

5. 20日，经批准将资本公积400 000元转增注册资本。

6. 25日，经股东会决定，支付李海伟撤资1 000 000元。

7. 28日，归还已到期短期借款320 000元。

8. 30日，支付一笔长期借款利息3 695元。

9. 30日，计提本月借款利息1 680元。

10. 30日，计提一项长期借款利息，该借款专用于构建固定资产，借款本金100万元，年利率6%，每月计提利息。

项目七　采购业务分析、凭证填制及账簿登记

知识梳理

一、购进固定资产的核算

1. 固定资产概述

（1）固定资产的概念

固定资产，是指小企业为生产产品、提供劳务、出租或经营管理而持有的，使用寿命超过 1 年的有形资产。包括：房屋、建筑物、机器、机械、运输工具、设备、器具、工具等。

（2）固定资产的特征

① 固定资产是为生产商品、提供劳务、出租或经营管理而持有。

② 固定资产使用寿命超过一个会计年度，使用期限较长。

③ 固定资产具有实物特征。

2. 购进固定资产的账务处理

（1）购进不需要安装固定资产的账务处理

购进不需要安装固定资产： 借：固定资产 　　应交税费—应交增值税（进项税额）（一般纳税人取得增值税专用发票，下同） 　　贷：银行存款等

（2）购进需要安装固定资产的账务处理

购进需要安装固定资产： 借：在建工程 　　应交税费—应交增值税（进项税额） 　　贷：银行存款等	支付安装调试费时： 借：在建工程 　　贷：银行存款

续表

安装调试完成，交付使用时： 借：固定资产 　　贷：在建工程	

二、购进原材料的核算

1. 原材料概述

（1）原材料的概念

原材料，是指小企业在生产过程中经加工改变其形态或性质并构成产品主要实体的各种原料、主要材料、辅助材料、燃料、修理用备件、包装材料、外购半成品等。

（2）外购原材料成本

原材料采购成本包括买价+采购费用。

2. 购进原材料的账务处理

（1）购进直接入库原材料的账务处理

购进材料并直接入库： 借：原材料 　　应交税费—应交增值税（进项税额） 　　贷：银行存款或应付账款

（2）购进未入库原材料的账务处理

购进尚未入库的原材料： 借：在途物资 　　应交税费—应交增值税（进项税额） 　　贷：应付票据	材料到达入库： 借：原材料 　　贷：在途物资
商业汇票到期付款： 借：应付票据 　　贷：银行存款	

三、采购环节费用的核算

1. 采购费用概述

工业企业在采购过程中，难免会发生一系列相关的采购费用，主要包括两方面的内容：

一方面包括计入小企业采购成本的采购费用；另一方面包括采购过程中其他费用，如采购人员的差旅费、市内运杂费、零星搬运费等一些金额较小、又频繁发生的一些费用。

2. 采购费用的账务处理

（1）共同采购费用的账务处理

一般情况下，采购费用能分清负担对象的，应直接计入存货的采购成本；不能分清负担对象的，应选择合理的分配方法，分配计入有关存货的采购成本，可按所购存货的数量或采购价格比例进行分配。

其计算公式如下：

① 共同采购费用分配率＝共同采购费用总额/采购材料的总数量(采购价格总额)

② 某种材料应分配的采购费用＝该种材料的数量(采购价格)×共同采购费用分配率

共同采购费用购进材料：
借：原材料/在途物资
　　应交税费—应交增值税(进项税额)
　　贷：银行存款/应付账款/应付票据等

（2）采购过程中其他费用的账务处理

发生的采购人员差旅费、市内运杂费、零星搬运费、专设采购机构的经费等：
借：管理费用
　　贷：库存现金/银行存款等

同步练习

任务一　购进固定资产的核算

一、单选题

1.“固定资产”账户属于(　　)账户。

A. 资产类　　B. 所有者权益类

C. 负债类　　D. 成本类

E. 损益类

2. 下列表述正确的是(　　)。

A.“固定资产”账户借方余额表示已有固定资产的净值

B.“固定资产”账户借方余额表示已有固定资产的原始价值

C.“固定资产”账户借方余额表示已有固定资产的账面价值

D.“固定资产”账户借方余额表示已有固定资产的实际价值

3. 购进无需安装的设备，其借方应计入的账户是(　　)。

A. 在建工程　　B. 无形资产　　C. 原材料　　D. 固定资产

4. 欢欢公司购进不需要安装的机器设备一台，其购买价格 34 000 元，增值税 4 420 元，装卸费 560 元，保险费 800 元，则该机器设备的成本金额是(　　)。

A. 34 000 元　　B. 39 780 元　　C. 35 360 元　　D. 38 420 元

5. 小企业购进固定资产发生的运输费，应记入(　　)账户

A. 无形资产　　B. 管理费用　　C. 销售费用　　D. 固定资产

6. 下列哪项支出不应列入购建固定资产的原始价值？(　　)

A. 购买价款　　B. 按照税法规定可抵扣的增值税进项税额

C. 安装费　　D. 运输费、装卸费

7. 小企业购进需要安装的设备，在达到预定可使用状态前所发生的安装费记入(　　)账户。

A. 管理费用　　B. 固定资产　　C. 在建工程　　D. 无形资产

8. 小企业购进需要安装的固定资产，支付安装费时，其正确的账务处理是(　　)。

A. 借：固定资产
　　贷：银行存款

B. 借：在建工程
　　贷：银行存款

C. 借：管理费用
　　贷：银行存款

D. 借：银行存款
　　贷：在建工程

二、多选题

1. 下列哪些属于固定资产？(　　)

A. 非专利技术　　B. 自有厂房

C. 机械、设备　　D. 经营租赁来的设备

2. 下列关于“固定资产”账户表述正确的是(　　)。

A. 贷方记增加　　B. 借方记增加

C. 贷方记减少　　D. 余额在借方

3. 下列关于“应交税费”账户表述正确的是(　　)。

A.“应交税费”账户属于负债类账户

B.“应交税费”账户借方登记实际缴纳的税费

C.“应交税费”账户贷方登记应交的税费

D.“应交税费”账户期末余额可以在借方，也可以在贷方

4. 下列哪些费用可以计入固定资产的成本？(　　)

A. 购买价款　　B. 支付的可以抵扣的增值税

C. 装卸费、保险费　　D. 专业人员服务费

5. 企业购入需要安装的固定资产的成本，是达到预定可使用状态前所发生的全部支出，包括(　　)。

A. 购买价款

B. 支付的不可以抵扣的增值税

C. 装卸费、保险费

D. 专业人员服务费

E. 安装费、运输费

三、判断题

1. 固定资产，是指小企业为生产产品、出售、提供劳务而持有的，使用寿命超过 1 年的有形资产。(　　)

2. 凡是使用寿命超过一个会计年度的有形资产都属于固定资产。(　　)

3. 固定资产与无形资产区别开来的最典型特征是具有实物形态。(　　)

4. “应交税费”账户用来核算企业应缴纳的各种税费。(　　)

5. 购进货物缴纳的增值税应计入“应交税费”的贷方。(　　)

6. “在建工程”账户用来核算企业尚未完工交付使用的固定资产，“固定资产”账户用来核算企业达到预定可使用状态的固定资产。(　　)

四、业务题(写出下列经济业务的会计分录)

1. 2024 年 3 月 12 日，公司购进管理用电脑 2 台，每台价格 6 800 元，共计 13 600 元，增值税税额 1 768 元，该电脑已经投入使用，公司开出转账支票支付款项。

2. 2024 年 4 月 4 日，公司购进一台小型设备，价格 18 600 元，增值税税额 2 418 元，该设备已经投入使用，通过银行支付货款，另用现金支付搬运费 600 元。

3. (1)2024 年 5 月 10 日，公司从外地 W 公司购进设备，价格 54 000 元，增值税税率 13%，对方代垫运输费 1 200 元，运输业增值税税率 9%，该设备已经入库，相关款项暂欠。

(2) 2024 年 5 月 15 日，公司通过电汇支付 W 公司设备款。

4. (1)2024 年 2 月 12 日，公司向 F 公司购进一条需要安装的流水线设备，价格 240 000 元，增值税税额 31 200 元，该设备已经运达公司，款项暂欠。

(2) 2024 年 2 月 12 日，公司向顺风物流公司支付流水线设备的运输费 3 800 元，增值税税额 342 元。

(3) 2024 年 2 月 12 日，公司现金支付流水线设备的装卸搬运费 920 元。

(4) 2024 年 2 月 15 日，现金购进安装调试需要的零配件，费用 650 元。

(5) 2024 年 2 月 20 日，该流水线设备安装调试成功，交付使用。

(6) 2024 年 2 月 24 日，公司向 F 公司电汇设备款。

任务二　购进原材料的核算

一、单选题

1. “应付账款”账户，期末贷方余额表示的是(　　)。

A. 应付而未付的借款

B. 因商品交易、提供劳务应付而未付的款项

C. 在应付利息日应付而未付的利息

D. 应付而未付的暂借款项

2. 某公司购进未入库原材料，借方应记入(　　)账户。

A. 原材料　　B. 固定资产　　C. 在途物资　　D. 无形资产

3. 欢欢公司购进原材料，支付的增值税应记入(　　)账户。

A. 应交税费—未交增值税

B. 应交税费—应交增值税(销项税额)

C. 应交税费—应交增值税(进项税额转出)

D. 应交税费—应交增值税(进项税额)

4. 某公司购进 A 材料 3 000 千克，每千克 15 元，购买价格 45 000 元，增值税税额 5 850 元，装卸费 300 元，途中合理损耗 2 千克，则 A 材料的成本金额是(　　)。

A. 45 300 元　　B. 51 150 元　　C. 45 270 元　　D. 51 120 元

5. 甲企业为一般纳税企业，采用托收承付结算方式从其他企业购入原材料一批，货款为 200 000 元，增值税为 26 000 元，对方代垫的运杂费 4 000 元，该原材料已经验收入库。该购买业务所发生的应付账款入账价值为(　　)元。

A. 226 000　　B. 200 000　　C. 230 000　　D. 204 000

二、多选题

1. 下列关于库存现金表述正确的是(　　)。

A. “库存现金”账户属于资产类账户

B. “库存现金”账户借方登记增加，贷方登记减少

C. “库存现金”账户期末余额可以在借方，也可以在贷方

D. 库存现金属于货币资金

2. 小企业的存货包括(　　)。

A. 原材料、周转材料　　B. 在产品、半成品

C. 产成品、商品　　D. 消耗性生物资产

E. 委托加工物资

3. 小企业的原材料包括(　　)。

A. 各种原料、主要材料　　B. 辅助材料、包装材料
C. 修理用备件　　D. 燃料
E. 外购半成品

4. 原材料的采购费用包括在采购过程中发生的(　　)。

A. 运输费、搬运装卸费　　B. 入库后的仓储费用
C. 运输途中的合理损耗　　D. 保险费
E. 入库前的挑选整理费

5. 下列关于“原材料”账户表述正确的是(　　)。

A. “原材料”账户属于资产类账户
B. “原材料”账户借方登记入库原材料的实际成本
C. “原材料”账户贷方登记发出原材料的实际成本
D. “原材料”账户期末借方余额表示结存原材料的实际成本

6. 下列关于“在途物资”账户表述正确的是(　　)。

A. 借方登记购入材料、商品等物资的买价和采购费用(采购实际成本)
B. 贷方登记已验收入库材料、商品等物资应结转的实际采购成本
C. 期末余额在借方
D. 期末余额反映企业期末在途材料、商品等物资的采购成本

7. 下列关于“应付票据”账户表述正确的是(　　)。

A. “应付票据”账户用来核算小企业因购买材料、接受劳务等日常生产经营活动而应支付的款项
B. “应付票据”账户用来核算小企业因购买材料、接受劳务等日常生产经营活动而开出、承兑的商业汇票
C. “应付票据”账户期末贷方余额表示企业尚未偿还的应付款项
D. “应付票据”账户借方登记到期实际支付的商业汇票的票面金额

三、判断题

1. 原材料采购成本只包括买价。(　　)

2. “原材料”账户用来核算小企业入库原材料的成本。(　　)

3. “在途物资”账户用来核算小企业已经购买，但尚未验收入库原材料的实际成本。(　　)

4. “应付票据”账户用来核算小企业因购买材料、接受劳务等日常生产经营活动而开出、承兑的商业承兑汇票。(　　)

5. 采购费用不能分清负担对象的，应选择合理的分配方法，分配计入有关存货的采购成本。(　　)

6. 在采购原材料时不管材料是否到达企业，企业都应该将采购材料的成本计入“在途物资”账户，而不是“原材料”账户。(　　)

7. 原材料采购的买价和费用在期末应全部转入“本年利润”账户的借方。　　（　　）

四、业务题

1. 计算题

山花公司属于小企业，2024 年 6 月 7 日，购进甲材料 2 000 千克，每千克价格 18 元，合计 36 000 元；乙材料 3 000 千克，每千克 20 元，合计 60 000 元，购进材料增值税税率 13%，甲、乙材料共同运输费 3 500 元，运输费的增值税税率 9%，材料已经入库，货款及运输费已经通过银行支付。

要求：

（1）计算甲、乙材料应分摊的运输费(按数量分配)。

（2）编制山花公司 2024 年 6 月 7 日购进材料的会计分录。

2. 分录题

（1）2024 年 4 月 8 日，向 C 公司购进甲材料 6 000 千克，每千克 18.5 元，总价款 111 000 元,增值税税额 14 430 元，甲材料已经入库，货款暂欠。

（2）2024 年 4 月 8 日，开出交通银行转账支票支付甲材料的市内运输费 1 100 元，运输行业的增值税税率为 9%。

（3）2024 年 4 月 13 日，从 D 公司购进乙材料 12 吨，每吨价格 7 600 元，总价款 91 200 元，增值税税率 13%，D 公司代垫运费 900 元，运输业增值税税率为 9%，乙材料尚未送达，款项暂欠。

（4）2024 年 4 月 15 日，乙材料入库，同时向 D 公司电汇货款。

（5）2024 年 4 月 21 日，向 E 公司购进甲材料 8 000 千克，每千克 18 元；乙材料 8 000 千克，每千克 10 元，增值税税率 13%，E 公司代垫运输费 1 800 元，运输业增值税税率为 9%，材料验收入库，通过交通银行电汇付款(按数量进行分配)。

任务三　采购环节费用的核算

一、单选题

1. 一般情况下，购进材料的市内运杂费计入(　　)账户。

A. 原材料　　B. 管理费用　　C. 在途物资　　D. 销售费用

2. 采购人员的差旅费应计入(　　)账户。

A. 原材料　　B. 财务费用　　C. 销售费用　　D. 管理费用

3. 某企业采购员小张于2024年6月10日采购了一批办公用品，总金额为5 000元，增值税税率为13%。小张在6月15日提交了报销单据，企业财务部门审核无误后进行了报销处理，并立即通过银行转账支付了款项。以下关于这笔业务的会计处理，正确的是(　　)。

A. 借记“管理费用”5 000元，贷记“应付账款”5 000元

B. 借记“管理费用”5 000元，借记“应交税费—应交增值税(进项税额)”650元，贷记“银行存款”5 650元

C. 借记“原材料”5 000元，借记“应交税费—应交增值税(进项税额)”650元，贷记“银行存款”5 650元

D. 借记“库存商品”5 000元，贷记“应付账款”5 000元

二、多选题

1. 下列哪些费用应计入管理费用？(　　)

A. 财产保险费

B. 小企业在筹建期间内发生的开办费

C. 顾问费、诉讼费

D. 行政管理部门(除销售部门、生产部门外)发生的费用

2. 某企业采购人员小王于2024年7月出差进行采购活动，期间产生了差旅费共计3 000元。小王在出差回来后，向公司提交了差旅费报销申请，并提供了相应的费用明细。以下关于这笔差旅费报销的会计处理，正确的会计科目有哪些？(　　)

A. 借记“管理费用—差旅费”3 000元

B. 借记“销售费用—差旅费”3 000元

C. 贷记“库存现金”3 000元

D. 贷记“其他应付款”3 000元

三、判断题

1. 销售部门的业务招待费应计入“管理费用”账户。(　　)

2. “管理费用”账户属于损益类账户，期末无余额。(　　)

3. 采购人员的差旅费应计入“管理费用—差旅费”科目。(　　)

四、业务题(写出下列经济业务的会计分录)

1. 2024 年 7 月 27 日，用现金支付市内运杂费 150 元。

2. 采购人员张鸿飞于 2024 年 7 月 28 日，报销差旅费 1 256 元，用现金支付。

综合技能训练

一、练习购入原材料的账务处理

1.【资料】2024 年 7 月 8 日，时尚之源服装制造有限公司从棉泽布艺商贸有限公司购进棉布，材料验收入库，无损耗，货款暂欠。

电子发票（增值税专用发票） 发票号码：24512000000032467984

开票日期：2024 年 7 月 8 日

全国统一发票监制章 国家税务总局重庆市税务局

下载次数:1

购买方信息	名称：时尚之源服装制造有限公司 统一社会信用代码/纳税人识别号： 500102456789000472	销售方信息	名称：棉泽布艺商贸有限公司 统一社会信用代码/纳税人识别号： 554693245876005679

项目名称	规格型号	单位	数量	单价	金额	税率/征收率	税额
棉布		米	4000	20.00	80000.00	13%	10400.00
合　计：					¥80000.00		¥10400.00
价税合计（大写）	⊗ 人民币玖万零肆佰元整				（小写）¥90400.00		
备注							

开票人：王梅

图 1　电子增值税专用发票

【要求】(1) 填制材料入库单；

(2) 根据原始凭证填制记账凭证；

(3) 登记“原材料”“应交税费”“应付账款”总分类账和明细分类账。(“原材料”账户期初余额 51 500 元，其中棉布 2 500 米，每米 20 元，金额 50 000 元，尼龙拉链 300 条，每条 5 元，金额 1 500 元；“应交税费”“应付账款”账户期初无余额)

入库单

年　月　日

送货企业：　　　　仓库：棉布材料库　　单号：03

材料名称	规格型号	计量单位	入库数量	金额

第三联交财务科

库管员：　　　　送货人：王奕博

图 2　材料入库单

记　账　凭　证

年　月　日　　　　字第　号

摘要	会计科目		借方金额										贷方金额										记账
	总账科目	明细科目	亿	千	百	十	万	千	百	十	元	角	分	亿	千	百	十	万	千	百	十	元	角	分	√
附件　张	合　计																								

深圳市商通实业有限公司出品

会计主管　　记账　　出纳　　审核　　制证

图 3　记账凭证

总分类账

总第　页　分第　页

年　度　　　　会计科目及编号：

年		凭证号数		摘要	对方科目	借方										√	贷方										√	借或贷	余额										√
月	日	种类	号数			亿	千	百	十	万	千	百	十	元	角	分		亿	千	百	十	万	千	百	十	元	角	分			亿	千	百	十	万	千	百	十	元	角	分	

图 4　“原材料”总分类账

总分类账

总第　　页　分第　　页

年度　　　　　　会计科目及编号：

年		凭证号数		摘要	对方科目	借方											√	贷方											√	借或贷	余额											√
月	日	种类	号数			亿	千	百	十	万	千	百	十	元	角	分		亿	千	百	十	万	千	百	十	元	角	分			亿	千	百	十	万	千	百	十	元	角	分	

图 5　“应交税费”总分类账

总分类账

总第　　页　分第　　页

年度　　　　　　会计科目及编号：

年		凭证号数		摘要	对方科目	借方											√	贷方											√	借或贷	余额											√
月	日	种类	号数			亿	千	百	十	万	千	百	十	元	角	分		亿	千	百	十	万	千	百	十	元	角	分			亿	千	百	十	万	千	百	十	元	角	分	

图 6　“应付账款”总分类账

最高储存量______

最低储存量______

明细分类账

本账页数	
本户页数	

编号________　规格________　　　　单位________　名称________________

年		凭证		摘要	收入（借方）											发出（贷方）											借或贷	余额（结存）										
月	日	种类	号数		数量	单价	百	十	万	千	百	十	元	角	分	数量	单价	百	十	万	千	百	十	元	角	分		数量	单价	百	十	万	千	百	十	元	角	分

图 7　“原材料—棉布”明细分类账

应交税金（增值税）明细账

年		凭证		摘要	借方																																				贷方																																				借或贷	余额									
					合计										进项税额										已交税金										转出未交增值税										合计										销项税额										出口退税										进项税额转出																				
月	日	种类	编号		千	百	十	万	千	百	十	元	角	分	千	百	十	万	千	百	十	元	角	分	千	百	十	万	千	百	十	元	角	分	千	百	十	万	千	百	十	元	角	分	千	百	十	万	千	百	十	元	角	分	千	百	十	万	千	百	十	元	角	分	千	百	十	万	千	百	十	元	角	分	千	百	十	万	千	百	十	元	角	分		千	百	十	万	千	百	十	元	角	分

图 8　“应交税费—应交增值税”明细分类账

明细分类账

总第　　页　分第　　页

年度

______级科目及编号 ____________

______级科目及编号 ____________

年		凭证号数		摘要	对方科目	借方											√	贷方											√	借或贷	余额											√
月	日	种类	号数			亿	千	百	十	万	千	百	十	元	角	分		亿	千	百	十	万	千	百	十	元	角	分			亿	千	百	十	万	千	百	十	元	角	分	

图 9　“应付账款—棉泽布艺商贸有限公司”明细分类账

2.【资料】2024 年 7 月 10 日，时尚之源服装制造有限公司从链界科技有限公司购进尼龙拉链 2 500 条，材料验收入库，无损耗，货款暂欠。

【要求】(1) 填制材料入库单；

(2) 根据原始凭证填制记账凭证；

(3) 登记“原材料”“应交税费”“应付账款”总分类账和明细分类账。(续前登记)

电子发票（增值税专用发票）　发票号码：24512000000032467984

开票日期：2024 年 7 月 10 日

全国统一发票监制章 国家税务总局 重庆市税务局

下载次数:1

购买方信息	名称：时尚之源服装制造有限公司 统一社会信用代码/纳税人识别号： 500102456789000472	销售方信息	名称：链界科技有限公司 统一社会信用代码/纳税人识别号： 534523245589602345

项目名称	规格型号	单位	数量	单价	金额	税率/征收率	税额
尼龙拉链		条	2500	5.00	12500.00	13%	1625.00
合　计：					¥12500.00		¥1625.00

价税合计（大写）	⊗ 人民币壹万肆仟壹佰贰拾伍元整　（小写）¥14125.00
备注	

开票人： 何夕

图 10　电子增值税专用发票

入库单

年　月　日

送货企业：　　　　仓库：尼龙拉链材料库　　单号：04

材料名称	规格型号	计量单位	入库数量	金额

第三联交财务科

库管员：　　　　送货人：詹晓宇

图 11　材料入库单

记账凭证

年　月　日　　字第　号

摘要	会计科目		借方金额	贷方金额	记账
	总账科目	明细科目	亿千百十万千百十元角分	亿千百十万千百十元角分	√
附件　张	合计				

深圳市前通实业有限公司出品

会计主管　记账　出纳　审核　制证

图 12　记账凭证

最高储存量 ______
最低储存量 ______

明细分类账

本账页数	
本户页数	

编号 ______ 规格 ______　单位 ______ 名称 ______

年		凭证		摘要	收入（借方）			发出（贷方）			借或贷	余额（结存）		
月	日	种类	号数		数量	单价	百十万千百十元角分	数量	单价	百十万千百十元角分		数量	单价	百十万千百十元角分

图 13　“原材料—尼龙拉链”明细分类账

明细分类账

总第　页　分第　页

______级科目及编号 ______
______级科目及编号 ______

年度

年		凭证号数		摘要	对方科目	借方	√	贷方	√	借或贷	余额	√
月	日	种类	号数			亿千百十万千百十元角分		亿千百十万千百十元角分			亿千百十万千百十元角分	

图 14　“应付账款—链界科技有限公司”明细分类账

二、练习偿还前欠货款的账务处理

【资料】2024 年 7 月 18 日，开出转账支票向棉泽布艺商贸有限公司偿还 8 日购买棉布的货款。

【要求】1. 填制转账支票；

2. 根据原始凭证填制记账凭证；

3. 登记“银行存款”“应付账款”总分类账和明细分类账。(续前登记)

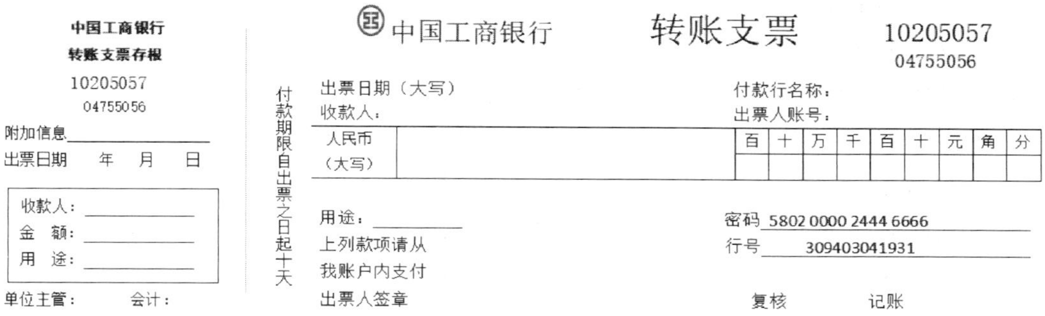
中国工商银行
转账支票存根
10205057
04755056
附加信息________
出票日期　年　月　日
收款人：________
金　额：________
用　途：________
单位主管：　会计：

付款期限自出票之日起十天

中国工商银行　转账支票　10205057
04755056
出票日期（大写）　付款行名称：
收款人：　出票人账号：
人民币（大写）　百 十 万 千 百 十 元 角 分
用途：________　密码 5802 0000 2444 6666
上列款项请从　行号 309403041931
我账户内支付
出票人签章　复核　记账

图 15　转账支票

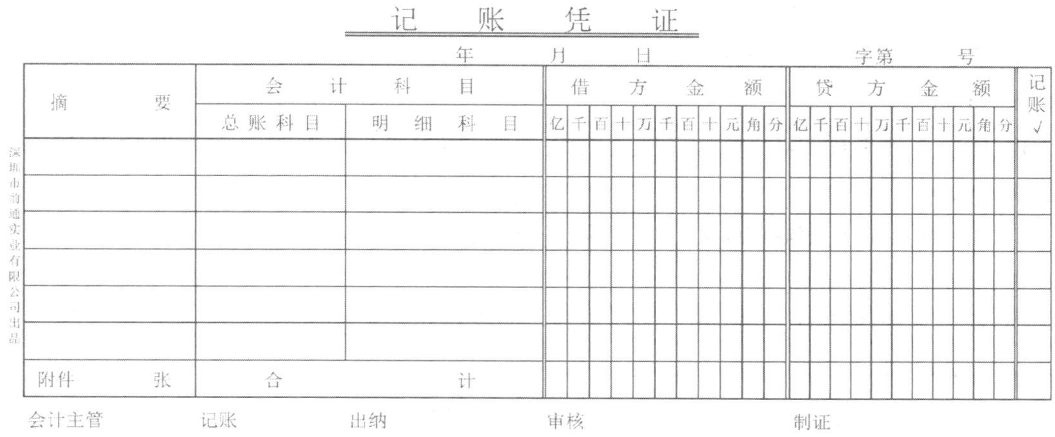
记　账　凭　证
年　月　日　字第　号
摘要 | 会计科目（总账科目、明细科目） | 借方金额（亿 千 百 十 万 千 百 十 元 角 分） | 贷方金额（亿 千 百 十 万 千 百 十 元 角 分） | 记账 √
附件　张　合　计
会计主管　记账　出纳　审核　制证
深圳市莳通实业有限公司出品

图 16　记账凭证

项目测试

一、单项选择题(在题后的四个备选答案中，选出正确答案填入题干中的括号内，每小题 2 分，共 30 分)

1. 甲企业为增值税一般纳税人，本期购买一批材料，购买价格为 50 000 元，增值税为 6 500 元。入库前发生的挑选整理费用为 500 元，该批原材料入账价值为(　　)元。

A. 50 000　　B. 56 500　　C. 57 000　　D. 50 500

2. 某企业为增值税一般纳税企业。该企业购入 B 材料 600 千克，每千克不含税单价为 50 元，增值税税率为 13%，发生运杂费 2 550 元，运输途中发生合理损耗 50 千克，入库前发生挑选整理费用 450 元。该批 B 材料的单位实际成本为(　　)元。

A. 50　　B. 55　　C. 60　　D. 67. 09

3. 企业购建固定资产的成本包括(　　)。

A. 购进的价款、增值税和其他税金

B. 购进时发生的包装费、运杂费等费用

C. 在途材料成本

D. 购入材料成本

4. 企业购入原材料发生的运杂费等采购费用，应计入(　　)。

A. 管理费用　　B. 材料采购成本

C. 生产成本　　D. 产品销售成本

5. 在实际成本法下，结转材料采购成本的核算中，一般常用的会计科目有(　　)。

A. 原材料和材料采购　　B. 材料采购和在途物资

C. 在途物资和原材料　　D. 原材料和应交税费

6. 某企业购入一台需要安装的固定资产，支付买价 100 000 元，增值税 13 000 元，安装费 2 000 元。下列会计分录正确的是(　　)。

A. 借：固定资产 102 000 元，应交税费—应交增值税(进项税额)13 000 元，贷：银行存款 115 000 元

B. 借：在建工程 100 000 元，应交税费—应交增值税(进项税额)13 000 元，贷：银行存款 113 000

C. 借：固定资产 100 000 元，应交税费—应交增值税(进项税额)13 000 元，贷：应付账款 113 000

D. 借：在建工程 102 000 元，应交税费—应交增值税(进项税额)13 000 元，贷：银行存款 115 000

7. 某企业采购原材料一批，共发生采购费用 1 000 元。该批原材料包括 A、B、C 三种材料，采购金额分别为 30 000 元、20 000 元和 50 000 元。下列关于采购费用的分配方法正确的是(　　)。

A. 按照采购金额的比例分配采购费用

B. 按照采购数量的比例分配采购费用

C. 按照采购人员的喜好分配采购费用

D. 按照采购材料的体积比例分配采购费用

8. 某企业采购员在市内采购原材料时，发生了市内运输费 500 元。下列关于这笔市内运输费的会计处理方法，正确的是(　　)。

A. 将市内运输费计入“管理费用”

B. 将市内运输费计入“销售费用”

C. 将市内运输费计入“原材料成本”

D. 将市内运输费计入“其他应收款”

9. 某企业开始自建一座仓库，为该项目购买了一台施工机械，支付价款 100 000 元，并支付增值税 13 000 元。下列关于这笔交易的会计处理方法，正确的是(　　)。

A. 借：在建工程 113 000 元，贷：银行存款 113 000 元

B. 借：固定资产 113 000 元，贷：银行存款 113 000 元

C. 借：在建工程 100 000 元，应交税费—应交增值税(进项税额)13 000 元，贷：银行存款 113 000 元

D. 借：固定资产 100 000 元，应交税费—应交增值税(进项税额)13 000 元，贷：银行存款 113 000 元

10. 下列各项中，不属于企业持有固定资产科目的是(　　)。

A. 生产商品　　B. 提供劳务

C. 出租或经营管理　　D. 出售

11. 购入需要安装的固定资产的增值税进项税额应计入(　　)。

A. 在建工程　　B. 管理费用　　C. 固定资产　　D. 应交税费

12. 设备的安装费应计入(　　)。

A. 开办费用　　B. 设备成本　　C. 管理费用　　D. 制造费用

13. 小企业购进机器设备，用现金购买安装调试用零配件，其正确的账务处理是(　　)。

A. 借：在建工程
　　贷：库存现金

B. 借：在建工程
　　贷：银行存款

C. 借：固定资产
　　贷：库存现金

D. 借：制造费用
　　贷：库存现金

14. 在外购材料业务中，(　　)情况产生了在途材料。

A. 货款付清，同时收料　　B. 付款在前，收料在后

C. 收料在前，付款在后　　D. 根据合同规定，预付货款

15. 小企业购进需要安装的设备，支付含税价款时，其正确的账务处理是(　　)。

A. 借：固定资产
　　贷：银行存款

B. 借：在建工程
　　贷：银行存款

C. 借：固定资产
　　应交税费—应交增值税(进项税额)
　　贷：银行存款

D. 借：在建工程
　　应交税费—应交增值税(进项税额)
　　贷：银行存款

二、多项选择题(在题后的备选答案中，选出两个或两个以上正确答案填入题干中的括号内，每小题 3 分，共 30 分)

1. 企业购入材料的采购成本包括(　　)。

A. 材料买价　　B. 增值税进项税额

C. 采购费用　　D. 采购人员差旅费

E. 销售机构经费

2. 下列采购费用不计入材料采购成本，而是列作管理费用的有(　　)。

A. 采购人员差旅费　　B. 专设采购机构经费

C. 市内采购材料的零星运杂费　　D. 运输途中的合理损耗

E. 外地运杂费

3. 在材料采购业务核算时，与“在途物资”账户相对应的账户一般有(　　)。

A.“应付账款”账户　　B.“应付票据”账户

C.“银行存款”账户　　D.“预付账款”账户

E.“应交税费”账户

4. 下列费用中，计入固定资产成本的有(　　)。

A. 购入固定资产时发生的包装费和保险费

B. 固定资产安装过程中领用的材料费

C. 固定资产改扩建过程中领用的材料费

D. 对固定资产进行日常维修的费用

5. 需要计入“在建工程”账户的有(　　)。

A. 外购需要安装的固定资产　　B. 改扩建的固定资产

C. 自行建造的固定资产　　D. 出包的固定资产

6. 为了核算固定资产，小企业一般需要设置(　　)等账户，核算固定资产取得的情况。

A. 工程物资　　B. 增值税进项税额

C. 固定资产　　D. 在建工程

E. 累计折旧

7. 企业取得固定资产的方式可能有(　　)。

A. 投资者投资　　B. 外购　　C. 自建　　D. 捐赠

8. 下列关于“在建工程”账户表述正确的是(　　)。

A.“在建工程”账户属于资产类账户

B.“在建工程”账户借方登记尚未达到预定可使用状态前的相关支出

C.“在建工程”账户贷方登记完工交付使用固定资产的实际成本

D.“在建工程”账户期末余额可以在借方，也可以在贷方

9. 如意公司购进材料并入库，且开出一张银行承兑汇票，下列说法正确的是(　　)。

A. 借方记入“原材料”账户　　B. 借方记入“在途物资”账户

C. 贷方记入“应付票据”账户　　D. 贷方记入“应付账款”账户

10. 某公司一次购进甲、乙两种材料，其中甲材料5吨，乙材料3吨，开具的货物运输

业增值税专用发票注明运输费 1 600 元，增值税税额 176 元，则甲材料应分摊的运输费金额为(　　)元，乙材料应分摊的运输费金额为(　　)元。

A. 1 000　　B. 600　　C. 1 110　　D. 666

三、判断题(判断下列各题，正确的请打"√"，错误的请打"×"，每小题 1 分，共 10 分)

1. "在途物资"账户期末如有借方余额，表示在途材料的实际成本。(　　)
2. 固定资产在使用过程中的磨损，表明固定资产价值的减少，应计入"固定资产"账户的贷方。(　　)
3. 材料采购费用一般直接体现在当期的损益中，因此采购费用属于期间费用。(　　)
4. 材料的采购费用均应计入材料的采购成本。(　　)
5. 采购人员的差旅费应计入材料的采购成本。(　　)
6. "累计折旧"是固定资产的递减科目，所以也是资产类科目。(　　)
7. 库存现金出纳和会计都可以保管。(　　)
8. "在建工程"账户，不需要进行明细分类核算。(　　)
9. "在途物资"期末一定没有余额。
10. 材料验收入库时应贷记"在途物资"科目。(　　)

四、业务题(完成下列分录题，每小题 2 分，共 30 分)

【资料一】

1. 2024 年 12 月 1 日海星公司欲采购一项固定资产，向银行借入为期 2 年的款项 500 000 元，年利率 8%。
2. 2024 年 12 月 5 日用该笔款项购入一项需要安装的固定资产，价值 50 万元，取得增值税专用发票，款项已付。
3. 2024 年 12 月 15 日为了安装该项固定资产，领用公司原材料 20 000 元。
4. 2024 年 12 月 16 日为了安装该项固定资产，支付安装相关费用 8 000 元，应付本公司职工工资 2 000 元。
5. 2024 年 12 月 21 日，该项固定资产安装完毕，投入使用。

【资料二】

1. 向东风厂购入：甲材料，4 500 千克，单价 1. 96 元；乙材料 3 000 千克，单价 0. 92 元，该批材料的增值税 1 505. 4 元，所有款项均通过银行存款付讫，材料尚未验收入库。

2. 现金支付两种材料运杂费 240 元。(材料运杂费按材料重量比例分摊)

3. 上述甲、乙材料验收入库。

4. 采购员张华外出采购，预借差旅费 3 000 元，以现金支票付讫。

5. 向芜湖红星工厂购入甲材料 2 000 千克，每千克 2. 00 元；购入乙材料 1 000 千克，每千克 1. 00 元；芜湖红星工厂共代垫运杂费 300 元，增值税共 650 元，所有款项都尚未支付。(运费按材料重量比例分摊)，材料尚未入库。

6. 张华报销差旅费 3 100 元，差价企业以现金支付。

7. 以银行存款支付红星厂所有款项。

8. 向上海通达公司预付款 20 000 元，用以购买甲材料，款已通过银行预付。

9. 以现金支付上项甲材料的装卸费 200 元。

10. 月终，上述甲、乙材料验收入库。

项目八　生产业务分析、凭证填制及账簿登记

知识梳理

一、生产费用归集和分配的核算

1. 产品成本概述

产品成本是小企业一定时期内为生产一定产品所支出的生产费用。产品成本核算是对生产经营过程中实际发生的各种成本进行计算、归集和分配的过程。

2. 生产费用归集和分配的账务处理

领用材料： 借：生产成本/制造费用/管理费用等 　　贷：原材料	确认应付的职工薪酬： 借：生产成本/制造费用/管理费用等 　　贷：应付职工薪酬
计提固定资产折旧： 借：制造费用/管理费用/销售费用等 　　贷：累计折旧	支付其他生产费用： 借：制造费用/管理费用/销售费用等 　　贷：银行存款/库存现金等

二、制造费用分配的核算

1. 制造费用概述

(1) 制造费用的概念

制造费用，是指小企业生产车间(部门)为生产产品和提供劳务而发生的各项间接费用。

(2) 制造费用分配的计算公式

以按生产工人的工资为分配标准举例：

① 制造费用分配率=制造费用总额/车间生产工人工资总额

② 某种产品应负担的制造费用=某种产品的生产工人工资额×制造费用分配率

2. 制造费用分配的账务处理

分配制造费用： 借：生产成本 　　贷：制造费用

三、产成品的核算

1. 产成品概述

产成品，是指小企业已经完成全部生产过程并已验收入库，符合标准规格和技术条件，可以按照合同规定的条件送交订货单位，或者可以作为商品对外销售的产品。

在产品，是指小企业正在制造的尚未完工的产品。包括正在各个生产工序加工的产品，以及已加工完毕但尚未检验或已检验但尚未办理入库手续的产品。

2. 完工产品的账务处理

产品完工入库： 借：库存商品 　　贷：生产成本

同步练习

任务一　生产费用归集和分配的核算

一、单选题

1. 下列人员的工资，可以直接计入产品生产成本的是(　　)。

A. 车间管理人员工资　　B. 生产工人工资

C. 采购人员工资　　D. 销售人员工资

2. “应付职工薪酬”账户属于(　　)账户。

A. 资产类　　B. 所有者权益类

C. 负债类　　D. 成本类

3. 小企业车间修理费计入(　　)。

A. 管理费用　　B. 生产成本　　C. 销售费用　　D. 制造费用

4. 某公司销售产品支付运输费计入(　　)。

A. 销售费用　　B. 原材料　　C. 管理费用　　D. 制造费用

5. 销售人员报销差旅费计入(　　)。

A. 管理费用　　B. 生产成本　　C. 销售费用　　D. 制造费用

6. 关于计提车间管理人员工资，账务处理正确的是(　　)。

A. 借：生产成本
　　贷：应付账款

B. 借：制造费用
　　贷：应付职工薪酬

C. 借：生产成本
　　贷：应付职工薪酬

D. 借：制造费用
　　贷：其他应付款

7. 固定资产计提折旧的时间是(　　)计提。

A. 按月　　B. 按季　　C. 按年　　D. 企业自行决定

8. 某小企业一台设备，采用年限平均法计提折旧，使用年限 5 年，预计净残值率 4%，则该设备的月折旧率是(　　)。

A. 1.4%　　B. 1.5%　　C. 1.6%　　D. 1.7%

9. 某小企业一台设备的原值 36 000 元，累计折旧 12 000 元，现市场实际价值 20 000 元，则该设备的账面价值是(　　)元。

A. 36 000　　B. 24 000　　C. 20 000　　D. 12 000

10. 支付车间水电费，正确的账务处理是(　　)。

A. 借：生产成本
　　贷：银行存款

B. 借：库存商品
　　贷：银行存款

C. 借：制造费用
　　贷：银行存款

D. 借：管理费用
　　贷：银行存款

二、多选题

1. 职工薪酬包括(　　)。

A. 离退休人员工资　　B. 职工工资、奖金、津贴和补贴

C. 社会保险费　　D. 非货币性福利

2. 下列哪些费用可以计入“销售费用”账户？(　　)

A. 销售机构人员工资　　B. 商品维修费

C. 采购人员工资　　D. 业务宣传费

3. 下列项目应计入“其他应付款”的有(　　)。

A. 预借的差旅费　　B. 预付的货款

C. 应付的各种赔款　　D. 应付的违约金

4. 影响固定资产的折旧因素有(　　)。

A. 固定资产原价　　B. 固定资产净值

C. 预计净残值　　D. 预计使用寿命

5. 下列可以不计提折旧的是(　　)。

A. 未使用固定资产　　B. 不需用固定资产

C. 已提足折旧的固定资产　　　　　　　D. 土地

6. 小企业固定资产计提折旧的方法可以选用的有(　　)。

A. 小企业自行决定　　　　　　　　　B. 年限平均法

C. 双倍余额递减法　　　　　　　　　D. 年数总和法

7. 下列需要计提折旧的有(　　)。

A. 未使用固定资产　　　　　　　　　B. 不需用固定资产

C. 暂停使用固定资产　　　　　　　　D. 季节性停用固定资产

三、判断题

1. 小企业发生的各项生产费用，应当按照成本核算对象和成本项目分别归集。(　　)

2. 职工薪酬是指小企业为获得职工提供的服务而给予职工的工资形式的报酬。(　　)

3. 职工离职后，企业提供给职工的 3 个月工资，不属于职工薪酬。(　　)

4. 销售费用属于费用类账户，期末结转后无余额。(　　)

5. 职工薪酬通常应按月根据职工提供服务的受益对象进行分配。(　　)

6. 固定资产的折旧费是随着固定资产的磨损而逐渐转移到产品的成本费用中去的。(　　)

7. 固定资产的使用寿命、预计净残值一经确定，不得随意变更。(　　)

8. 小企业按月计提折旧，当月增加的固定资产，当月不计提折旧；当月减少的固定资产，当月不计提折旧。(　　)

9. “累计折旧”账户因为借记减少，贷记增加，余额在贷方，所以该账户属于负债类账户。(　　)

10. 小企业生产车间修理期间的停工损失应计入管理费用。(　　)

四、业务题

1. 如意公司采用年限平均法计提折旧，2024 年 7 月固定资产相关信息如下。

固定资产折旧信息表

2024 年 7 月

部门名称	名称	增加时间	原值(元)	使用年限	净残值率(%)
行政部	空调	2025. 3	12 000	3	4
财务部	电脑	2024. 8	8 600	3	4
采购部	电脑	2025. 8	4 800	3	4
生产部	冲压机	2023. 8	55 000	8	5
	冲床	2025. 7	180 000	5	2
销售部	货车	2025. 7	168 000	8	5
合计					

【要求】(1) 编制如意公司 2024 年 7 月固定资产折旧计算表。

固定资产折旧计算表

2024 年 7 月

部门名称	名称	增加时间	原值(元)	使用年限	净残值率(%)	月折旧率(%)	月折旧额
行政部	空调	2025.3	12 000	3	4		
财务部	电脑	2024.8	8 600	3	4		
采购部	电脑	2025.8	4 800	3	4		
生产部	冲压机	2023.8	55 000	8	5		
	冲床	2025.7	180 000	5	2		
销售部	货车	2025.7	168 000	8	5		
合计							

编制：　　　　　　　　　　审核：

（2）编制如意公司 2024 年 7 月 31 日计提折旧的会计分录。

2. 山花公司发生以下经济业务：

（1）2024 年 3 月 5 日，开出现金支票取现 46 000 元，备发工资。

（2）2024 年 3 月 5 日，用现金发放上月工资 46 000 元。

（3）2024 年 3 月 6 日，领用甲材料 2 000 千克，每千克成本 18 元，生产床单产品。

（4）2024 年 3 月 6 日，领用乙材料 3 300 千克，每千克成本 20 元，生产被套产品。

（5）2024 年 3 月 7 日，现金购买行政部门水电设施的修理配件 450 元。

（6）2024 年 3 月 10 日，现金购买车间设备维修配件 320 元。

（7）2024 年 3 月 15 日，接工商银行扣款通知，支付上月社会保险费 20 010 元，其中，单位承担部分 14 950 元，个人承担部分 5 060 元，个人保险费上月已转入“其他应付款账户”。

（8）2024 年 3 月 22 日，接银行扣款通知，本月电费价税合计 4 859 元，其中工业用电 3 000 元，居民用电 1 300 元，增值税税额 559 元。

（9）2024 年 3 月 28 日，通过工商银行转账支付本月工业用水 360 元。

（10）2024 年 3 月 31 日，计提固定资产折旧费，其中车间 2 100 元，行政部 800 元，销售部 650 元，财务部 420 元。

（11）计提本月职工的工资总额 48 000 元，其中生产床单工人工资 16 000 元，生产被套工人工资 12 000 元，车间管理人员工资 3 200 元，行政部人员工资 11 000 元，销售人员工资 5 800 元。

(12) 2024 年 3 月 31 日，结转本月代扣的应由个人承担的社会保险费 5 280 元和住房公积金 4 800 元。

(13) 2024 年 3 月 31 日，按本月应付工资总额计提单位负担的养老保险 20%、医疗保险 9.5%、失业保险 1.5%、工伤保险 1%、生育保险 0.7%。

(14) 2024 年 3 月 31 日，按本月应付工资总额 10%计提单位负担的住房公积金。

要求：编制上述业务的会计分录。

任务二　制造费用分配的核算

一、单选题

1. 小企业构成生产成本的间接费用包括(　　)。

A. 材料费　　B. 人工费　　C. 水电费　　D. 制造费用

2. 小企业生产车间计提固定资产折旧，其正确的账务处理是(　　)。

A. 借：销售费用
　　贷：累计折旧

B. 借：管理费用
　　贷：累计折旧

C. 借：生产成本
　　贷：累计折旧

D. 借：制造费用
　　贷：累计折旧

3. 某企业生产甲、乙两种产品，共耗用制造费用 50 000 元。甲产品生产工时为 1 000 小时，乙产品生产工时为 1 500 小时。按生产工人工时比例法分配制造费用，甲产品应分配的制造费用为(　　)元。

A. 20 000　　B. 30 000　　C. 50 000　　D. 10 000

4. 某企业制造费用采用机器工时比例法进行分配。当月生产 A 产品耗用机器工时1 000 小时，生产 B 产品耗用机器工时 1 500 小时。当月制造费用总额为 10 000 元，则 A 产品应分配的制造费用为(　　)元。

A. 4 000　　B. 6 000　　C. 10 000　　D. 2 000

5. 下列分配制造费用的会计分录正确的是(　　)。

A. 借：制造费用
　　贷：银行存款

B. 借：制造费用
　　贷：生产成本

C. 借：生产成本　　　　　　　　　　　D. 借：管理费用
　　贷：制造费用　　　　　　　　　　　　贷：制造费用

二、多选题

1. 下列关于“制造费用”账户表述正确的是(　　)。
A. “制造费用”账户属于成本类账户
B. “制造费用”账户借方登记增加
C. “制造费用”账户贷方登记减少
D. “制造费用”账户期末余额在借方

2. 小企业分配制造费用的方法通常有(　　)。
A. 按生产工人工资　　　　　　　　B. 按耗用原材料的数量成本
C. 按产成品产量　　　　　　　　　D. 按机器工时
E. 按生产工人工时

3. 下列哪些费用可以计入“制造费用”账户？(　　)
A. 车间管理人员工资　　　　　　　B. 直接人工
C. 直接材料　　　　　　　　　　　D. 机器设备折旧费

4. 下列关于制造费用分配核算结果影响的描述中，正确的有(　　)。
A. 不同的分配方法可能导致不同产品成本计算结果
B. 制造费用分配方法选择不当可能影响产品定价决策
C. 若制造费用分配不合理，会影响企业利润计算的准确性
D. 制造费用分配会影响存货成本的计量
E. 制造费用分配对企业的成本控制没有影响

5. 在选择制造费用分配方法时，需要考虑的因素有(　　)。
A. 生产特点　　　　　　　　　　　B. 制造费用的多少
C. 管理要求　　　　　　　　　　　D. 产品品种多少
E. 会计人员的偏好

三、判断题

1. 小企业生产成本的间接费用包括制造费用和期间费用。(　　)
2. 制造费用属于成本类账户，也是存货的组成部分。(　　)
3. 制造费用只能按照生产工时比例法进行分配。(　　)
4. 制造费用分配后，“制造费用”科目期末无余额。(　　)
5. 制造费用分配方法一旦确定，不得随意变更。(　　)
6. 制造费用分配时，只考虑生产产品的数量因素即可。(　　)

四、业务题

1.【资料】山花公司属于小企业，该企业生产床单和被套两种产品，2024 年 6 月 30 日，

其制造费用总账上记录的制造费用余额 56 000 元，公司采用生产工人工资进行制造费用分配，2024 年 6 月，生产床单工人工资 30 000 元，生产被套工人工资 40 000 元。

【要求】(1)对制造费用按产品品种(床单、被套)进行分配；

(2) 编制山花公司 2024 年 6 月 30 日分配制造费用的会计分录。

2.【资料】欢欢公司 2024 年 6 月发生以下经济业务：

(1) 19 日，车间技术工人出差报销差旅费 740 元，出纳人员审核后，支付其现金。

(2) 20 日，现金支付车间维修人员服务费 1 000 元。

(3) 20 日，现金购买车间维修配件 290 元。

(4) 22 日，转账支票购买车间办公用品 1 230 元。

(5) 23 日，接银行扣款通知，工业用电 3 200 元，工业用水 470 元。

(6) 25 日，转账支票购买车间设备用机油 2 300 元。

(7) 30 日，计提车间管理人员工资 4 500 元。

(8) 30 日，计提车间机器设备的折旧费 3 680 元。

【要求】编制上述经济业务的会计分录。

任务三　产成品的核算

一、单选题

1. 小企业在产品是通过下列(　　)账户进行核算的。

A. 库存商品　　B. 生产成本　　C. 在产品　　D. 制造费用

2. 用来核算产成品的账户是(　　)。

A. 库存商品　　B. 生产成本　　C. 在产品　　D. 制造费用

3. 产品完工入库，正确的账务处理是(　　)。

A. 借：生产成本　　　　　　　　　　B. 借：库存商品
　　贷：制造费用　　　　　　　　　　　贷：生产成本

C. 借：生产成本　　　　　　　　　　D. 借：库存商品
　　贷：库存商品　　　　　　　　　　　贷：制造费用

4. 产成品入库时，应借记的科目是(　　)。

A. 生产成本　　B. 库存商品　　C. 原材料　　D. 制造费用

5. 产成品的实际成本由(　　)构成。

A. 直接材料成本、直接人工成本和制造费用

B. 采购成本和加工成本

C. 生产成本和销售费用

D. 原材料成本和间接费用

6. 产成品核算中，“生产成本”科目期末余额表示(　　)。

A. 在产品成本　　B. 产成品成本

C. 已销售产品成本　　D. 原材料成本

二、多选题

1. 小企业构成生产成本的直接费用包括(　　)。

A. 直接材料　　B. 直接人工

C. 制造费用　　D. 固定资产折旧费

2. 下列哪些项目计入“生产成本”账户？(　　)

A. 直接材料　　B. 直接人工

C. 制造费用　　D. 机器设备折旧费

3. 下列关于“生产成本”账户表述正确的是(　　)。

A.“生产成本”账户属于成本类账户

B.“生产成本”账户借方登记增加

C.“生产成本”账户贷方登记减少

D.“生产成本”账户期末余额在借方

4. 下列关于“生产成本”账户表述正确的是(　　)。

A.“生产成本”账户借方登记生产产品耗用的直接材料、直接人工、制造费用

B.“生产成本”账户贷方登记转出的完工入库产品的成本

C.“生产成本”账户期末借方余额表示尚未完工的产品成本

D.“生产成本”属于存货的组成部分

5. 下列关于“库存商品”账户表述正确的是(　　)。

A.“库存商品”账户属于成本类账户

B.“库存商品”账户借方登记增加

C.“库存商品”账户贷方登记减少

D.“库存商品”账户用来核算小企业库存的各种商品

6. 下列影响产成品成本的因素有(　　)。

A. 直接材料成本　　B. 直接人工成本

C. 制造费用　　D. 销售费用

三、判断题

1. 小企业的生产成本由直接费用和间接费用两部分构成。(　　)

2.“生产成本”账户借记增加，贷记减少，与费用类账户一致，因此“生产成本”账户属于费用类账户。(　　)

3. 小企业产成品是通过“库存商品”进行核算的。(　　)

4. 产成品核算只包括直接材料成本，不包括直接人工和制造费用。(　　)

5. 产成品入库时，应按照实际生产成本进行核算。(　　)

四、业务题

1.【资料】欢欢公司发生以下经济业务：

(1) 2024 年 4 月 20 日，公司生产 1 500 件 A 产品的任务提前完成，A 产品的生产成本 38 500 元，全部转入完工 A 产品的成本。

(2) 2024 年 5 月 31 日，本月生产 2 000 个 B 产品，现完工 1 600 个，本月 B 产品生产成本共计 45 800 元，其中未完工产品成本 6 000 元，结转完工产品成本。

(3) 2024 年 6 月 30 日，公司生产 A 产品 3 000 件，现完工 2 100 件，已经验收入库，尚有 900 件未完工，每件未完工产品定额成本 21 元，本月 A 产品生产成本共计 120 000 元，结转完工产品成本。

【要求】编制上述经济业务的会计分录。

2.【资料】宏达企业生产一种产品，月初在产品成本为 5 000 元，本月发生的生产费用为直接材料费用 80 000 元，直接人工费用 40 000 元，制造费用 30 000 元。月末在产品成本为 12 000 元，请计算该企业 2024 年 5 月的完工产品成本，并编制会计分录。

综合技能训练

一、练习领用材料的账务处理

【资料】2024 年 7 月 10 日，生产休闲 T 恤领用棉布 2 400 米，尼龙拉链 1 600 条。棉布成本 20 元/米，尼龙拉链成本 5 元/条。

2024 年 7 月 12 日，生产休闲裤领用棉布 2 200 米，尼龙拉链 1 100 条。

2024 年 7 月 15 日，车间领用棉布 500 米。

【要求】1. 填制领料单(出库单)并编制领料凭证汇总表；

2. 根据领料凭证汇总表填制记账凭证；

3. 登记"生产成本""原材料""制造费用"总分类账和明细分类账。(原材料总分类账和"原材料—棉布"明细分类账续前登记)

出库单

年　月　日

领料部门：　　　　　　　　　　　　　　　　仓库：材料库　　单号：03

材料名称	规格型号	计量单位	入库数量	金额

第三联交财务科

库管员：　　　　　　　　　　　　　　领料人：江卫民

图 1　材料出库单

出库单

年　月　日

领料部门：　　　　　　　　　　　　　　　　仓库：材料库　　单号：04

材料名称	规格型号	计量单位	入库数量	金额

第三联交财务科

库管员：　　　　　　　　　　　　　　领料人：江卫民

图 2　材料出库单

出库单

年 月 日

领料部门： 仓库：材料库 单号：05

材料名称	规格型号	计量单位	入库教量	金额

第三联交财务科

库管员： 领料人：江卫民

图 3 材料出库单

领料凭证汇总表

公司： 年 月 日

材料种类	休闲T恤耗用	休闲裤耗用	车间耗用	金额合计
合计				

图 4 领料凭证汇总表

记 账 凭 证

年 月 日 字第 号

摘要	会计科目		借方金额											贷方金额											记账
	总账科目	明细科目	亿	千	百	十	万	千	百	十	元	角	分	亿	千	百	十	万	千	百	十	元	角	分	√
附件 张	合计																								

深圳市前通实业有限公司出品

会计主管 记账 出纳 审核 制证

图 5 记账凭证

总分类账

总第　　页　分第　　页

年　度　　　　　　　　　　会计科目及编号：

年		凭证号数		摘要	对方科目	借方											√	贷方											√	借或贷	余额											√
月	日	种类	号数			亿	千	百	十	万	千	百	十	元	角	分		亿	千	百	十	万	千	百	十	元	角	分			亿	千	百	十	万	千	百	十	元	角	分	

图 6　“生产成本”总分类账

总分类账

总第　　页　分第　　页

年　度　　　　　　　　　　会计科目及编号：

年		凭证号数		摘要	对方科目	借方											√	贷方											√	借或贷	余额											√
月	日	种类	号数			亿	千	百	十	万	千	百	十	元	角	分		亿	千	百	十	万	千	百	十	元	角	分			亿	千	百	十	万	千	百	十	元	角	分	

图 7　“制造费用”总分类账

最高储存量 ______

最低储存量 ______

明细分类账

本账页数	
本户页数	

编号 ________ 规格 ________　　　　单位 ________ 名称 ________

年		凭证		摘要	收入（借方）											发出（贷方）											借或贷	余额（结存）										
月	日	种类	号数		数量	单价	百	十	万	千	百	十	元	角	分	数量	单价	百	十	万	千	百	十	元	角	分		数量	单价	百	十	万	千	百	十	元	角	分

图 8　“原材料—尼龙拉链”明细分类账

科目名称 ____________　　________________

总页	
分页	

年		凭证		摘要																																															合计									
月	日	字	号		千	百	十	万	千	百	十	元	角	分	千	百	十	万	千	百	十	元	角	分	千	百	十	万	千	百	十	元	角	分	千	百	十	万	千	百	十	元	角	分	千	百	十	万	千	百	十	元	角	分	千	百	十	万	千	百	十	元	角	分

图 9　“生产成本—休闲 T 恤”明细分类账

科目名称 ________________ ____________________________

总页	
分页	

年		凭证		摘要						合 计
月	日	字	号		千百十万千百十元角分	千百十万千百十元角分	千百十万千百十元角分	千百十万千百十元角分	千百十万千百十元角分	千百十万千百十元角分

图 10 “生产成本—休闲裤”明细分类账

科目名称 ________________ ____________________________

总页	
分页	

年		凭证		摘要						合 计
月	日	字	号		千百十万千百十元角分	千百十万千百十元角分	千百十万千百十元角分	千百十万千百十元角分	千百十万千百十元角分	千百十万千百十元角分

图 11 “制造费用”明细分类账

二、练习分配工资的账务处理

【资料】2024 年 7 月 31 日，时尚之源服装制造有限公司根据工资考核制度，计算分配 2024 年 7 月的应付工资。

时尚之源服装制造有限公司工资表

2024 年 7 月

姓名	职务	应付工资	医疗保险 2%	养老保险 8%	失业保险 1%	住房公积金 10%	税前工资	个人所得税	实发工资
方舒佳	行政部门	20 000	400	1 600	200	2 000	15 800	174	15 626
李浩	行政部门	15 000	300	1 200	150	1 500	11 850	55.5	11 794.5
方杰明	行政部门	10 000	200	800	100	1 000	7 900		7 900
吴一杰	财务部门	8 000	160	640	80	800	6 320		6 320
丁千	财务部门	5 000	100	400	50	500	3 950		3 950
刘芳	财务部门	4 000	80	320	40	400	3 160		3 160
李杰	采购部门	4 000	80	320	40	400	3 160		3 160
王雅南	采购部门	3 000	60	240	30	300	2 370		2 370
江卫明	车间管理员	5 000	100	400	50	500	3 950		3 950

续表

姓名	职务	应付工资	医疗保险 2%	养老保险 8%	失业保险 1%	住房公积金 10%	税前工资	个人所得税	实发工资
曹正楠	销售部门	6 000	120	480	60	600	4 740		4 740
李洁雅	销售部门	6 000	120	480	60	600	4 740		4 740
王达康	生产休闲 T 恤	5 000	100	400	50	500	3 950		3 950
李珊	生产休闲 T 恤	5 500	110	440	55	550	4 345		4 345
赵佳芳	生产休闲 T 恤	4 000	80	320	40	400	3 160		3 160
王富力	生产休闲 T 恤	4 300	86	344	43	430	3 397		3 397
蒋正坤	生产休闲裤	5 600	112	448	56	560	4 424		4 424
李亚杰	生产休闲裤	5 000	100	400	50	500	3 950		3 950
杨锋	生产休闲裤	4 000	80	320	40	400	3 160		3 160
合计		119 400	2 388	9 552	1 194	11 940	94 326	229. 5	94 096. 5

编制：丁千　　　　审核：吴一杰

图 12　工资表

【要求】1. 编制工资分配汇总表；

2. 根据原始凭证填制记账凭证；

3. 登记“生产成本”“制造费用”“管理费用”“销售费用”“应付职工薪酬”总分类账和明细分类账。（“生产成本”“制造费用”总账及明细账续前登记，期初无余额；“应付职工薪酬”账户期初无余额）

时尚之源服装制造有限公司工资分配汇总表

年　月　　　　单位：元

部门名称		应付工资	医疗保险 2%	养老保险 8%	失业保险 1%	住房公积金 10%	税前工资	个人所得税	实发工资
生产部门	休闲T恤生产工人								
	休闲裤生产工人								
	车间主管								
销售部门									
行政部门、采购部门、财务部门									
合计									

编制：　　　　审核：

图 13　工资分配汇总表

记 账 凭 证

年 月 日 字第 号

摘要	会计科目		借方金额											贷方金额											记账√
	总账科目	明细科目	亿	千	百	十	万	千	百	十	元	角	分	亿	千	百	十	万	千	百	十	元	角	分	
附件 张	合计																								

深圳市前通实业有限公司出品

会计主管 记账 出纳 审核 制证

图 14 记账凭证

总 分 类 账

总第 页 分第 页

年 度 会计科目及编号：

年		凭证号数		摘要	对方科目	借方											√	贷方											√	借或贷	余额											√
月	日	种类	号数			亿	千	百	十	万	千	百	十	元	角	分		亿	千	百	十	万	千	百	十	元	角	分			亿	千	百	十	万	千	百	十	元	角	分	

图 15 “管理费用”总分类账

总 分 类 账

总第 页 分第 页

年 度 会计科目及编号：

年		凭证号数		摘要	对方科目	借方											√	贷方											√	借或贷	余额											√
月	日	种类	号数			亿	千	百	十	万	千	百	十	元	角	分		亿	千	百	十	万	千	百	十	元	角	分			亿	千	百	十	万	千	百	十	元	角	分	

图 16 “销售费用”总分类账

总 分 类 账

总第 页 分第 页

年 度 会计科目及编号：

年		凭证号数		摘要	对方科目	借方											√	贷方											√	借或贷	余额											√
月	日	种类	号数			亿	千	百	十	万	千	百	十	元	角	分		亿	千	百	十	万	千	百	十	元	角	分			亿	千	百	十	万	千	百	十	元	角	分	

图 17 “应付职工薪酬”总分类账

科目名称 ____________ ____________________

总页	
分页	

年		凭证		摘要						合计
月	日	字	号		千百十万千百十元角分	千百十万千百十元角分	千百十万千百十元角分	千百十万千百十元角分	千百十万千百十元角分	千百十万千百十元角分

图 18 “管理费用”明细分类账

科目名称 ____________ ____________________

总页	
分页	

年		凭证		摘要						合计
月	日	字	号		千百十万千百十元角分	千百十万千百十元角分	千百十万千百十元角分	千百十万千百十元角分	千百十万千百十元角分	千百十万千百十元角分

图 19 “销售费用”明细分类账

明细分类账

总第　　页　分第　　页

年度

____级科目及编号 ______________

____级科目及编号 ______________

年		凭证号数		摘要	对方科目	借方	√	贷方	√	借或贷	余额	√
月	日	种类	号数			亿千百十万千百十元角分		亿千百十万千百十元角分			亿千百十万千百十元角分	

图 20 “应付职工薪酬—工资”明细分类

项目测试

一、单项选择题(在题后的四个备选答案中，选出正确答案填入题干中的括号内，每小题 2 分，共 30 分)

1. 生产车间领用原材料，应借记(　　)科目。

A. 生产成本　　B. 制造费用　　C. 原材料　　D. 库存商品

2. 生产工人的工资应计入(　　)科目。

A. 管理费用　　B. 销售费用　　C. 生产成本　　D. 财务费用

3. 车间管理人员工资应计入(　　)科目。

A. 生产成本　　B. 制造费用　　C. 管理费用　　D. 销售费用

4. 生产车间发生的水电费应计入(　　)科目。

A. 生产成本　　B. 制造费用　　C. 管理费用　　D. 销售费用

5. 完工产品入库，应借记(　　)科目。

A. 生产成本　　B. 库存商品　　C. 原材料　　D. 制造费用

6. 分配制造费用时，应贷记(　　)科目。

A. 生产成本　　B. 制造费用　　C. 原材料　　D. 库存商品

7. 生产过程中发生的废品损失应计入(　　)科目。

A. 生产成本　　B. 制造费用　　C. 管理费用　　D. 营业外支出

8. 生产车间的固定资产折旧应计入(　　)科目。

A. 生产成本　　B. 制造费用　　C. 管理费用　　D. 销售费用

9. 产品生产完工，结转生产成本时，应借记(　　)科目。

A. 库存商品　　B. 生产成本　　C. 原材料　　D. 制造费用

10. 生产领用包装物，应借记(　　)科目。

A. 生产成本　　B. 销售费用　　C. 原材料　　D. 周转材料

11. 生产车间发生的修理费应计入(　　)科目。

A. 生产成本　　B. 制造费用　　C. 管理费用　　D. 销售费用

12. 生产过程中发现的材料短缺，经查属于定额内损耗，应计入(　　)科目。

A. 生产成本　　B. 制造费用　　C. 管理费用　　D. 营业外支出

13. 生产车间的办公费应计入(　　)科目。

A. 生产成本　　B. 制造费用　　C. 管理费用　　D. 销售费用

14. 生产过程中，自然灾害造成的损失应计入(　　)科目。

A. 生产成本　　B. 制造费用　　C. 营业外支出　　D. 管理费用

15. 生产车间的保险费应计入(　　)科目。

A. 生产成本　　B. 制造费用　　C. 管理费用　　D. 销售费用

二、多项选择题(在题后的备选答案中，选出两个及两个以上正确答案填入题干中的括号内，每小题 3 分，共 30 分)

1. 下列各项中，应计入产品生产成本的有(　　)。

A. 生产产品耗用的直接材料　　B. 生产产品耗用的燃料及动力

C. 生产车间管理人员的工资　　D. 生产产品的机器设备折旧

2. 生产业务核算可能涉及的账户有(　　)。

A. 生产成本　　B. 制造费用

C. 原材料　　D. 应付职工薪酬

3. 下列费用中，属于制造费用的有(　　)。

A. 车间设备的折旧费　　B. 车间管理人员的工资

C. 生产车间的水电费　　D. 生产产品耗用的原材料

4. 完工产品成本包括(　　)。

A. 生产产品耗用的直接材料成本　　B. 生产产品耗用的直接人工成本

C. 分配的制造费用　　D. 销售费用

5. 生产车间领用原材料时，可能涉及的会计分录有(　　)。

A. 借：生产成本　贷：原材料　　B. 借：制造费用　贷：原材料

C. 借：原材料　贷：生产成本　　D. 借：原材料　贷：制造费用

6. 下列关于在产品的说法正确的有(　　)。

A. 在产品是指没有完成全部生产过程、不能作为商品销售的产品

B. 在产品成本包括原材料、直接人工和制造费用

C. 在产品数量的确定对于成本核算很重要

D. 在产品的计价方法有多种

7. 生产过程中，可能影响生产成本的因素有(　　)。

A. 原材料价格变动　　B. 生产工人工资水平变动

C. 制造费用的变动　　D. 销售费用的变动

8. 制造费用的分配标准可以有(　　)。

A. 生产工人工资　　B. 生产工时

C. 机器工时　　D. 产品产量

9. 下列各项中，属于生产业务核算内容的有(　　)。

A. 生产领用原材料　　B. 分配生产工人工资

C. 计提生产设备折旧　　D. 产品完工入库

10. 生产车间发生的下列费用中，应计入制造费用的有(　　)。

A. 车间管理人员的工资　　B. 生产设备的日常维修费用

C. 车间照明用电费　　D. 生产产品耗用的材料费用

三、**判断题**(判断下列各题说法的正误，正确的在括号内打“√”，错误的在括号内打“×”，每题 1 分，共 10 分)

1. 生产车间领用原材料，会使生产成本增加。(　　)

2. 制造费用最终要分配计入生产成本。(　　)

3. 车间主任的工资计入生产成本。(　　)

4. 车间管理人员的工资应计入管理费用。(　　)

5. 生产车间的水电费一律计入制造费用。(　　)

6. 完工产品入库，库存商品减少。(　　)

7. 生产过程中发生的废品损失不计入生产成本。(　　)

8. 生产车间的固定资产折旧计入制造费用。(　　)

9. 生产领用包装物应计入销售费用。(　　)

10. 企业生产多种产品，共同耗用的材料费用应采用直接分配法分配。(　　)

四、业务题（第 1 题和第 2 题每题 4 分，第 3 题每小题 2 分，共 30 分）

1. 某企业生产甲、乙两种产品，本月发生制造费用共计 80 000 元。甲产品生产工时为 1 200 小时，乙产品生产工时为 800 小时。

要求：按生产工时比例法分配制造费用并编制会计分录。

2. 某企业生产 A 产品，本月发生以下成本费用：直接材料费用 50 000 元，直接人工费用 20 000 元，制造费用 15 000 元。月初在产品成本为 3 000 元，月末在产品成本为 2 000元。

要求：计算本月完工产品成本。

3. 某企业为增值税一般纳税人，适用税率为 13%，根据该企业以下经济业务资料，编制相关的会计分录。

（1）生产车间领用原材料 30 000 元用于生产产品。

（2）分配生产 A 产品工人工资 25 000 元，车间主任工资 10 000 元，管理人员工资 13 000元，销售人员工资 11 000 元。

（3）计提固定资产折旧 8 000 元，其中管理部门 3 000 元、生产车间 5 000 元。

（4）以银行存款支付生产车间水电费 6 000 元。

（5）分配制造费用 30 000 元，其中甲产品分配 18 000 元，乙产品分配 12 000 元。

（6）本月甲产品完工入库，成本为 50 000 元；乙产品完工入库，成本为 40 000 元。

（7）生产车间设备发生修理费 3 000 元，以银行存款支付。

（8）以现金支付生产车间办公费 800 元。

（9）接银行扣款通知，本月电费价税合计 7 345 元，其中工业用电 5 000 元，居民用电 1 500 元，增值税税额 845 元。

（10）车间技术工人出差报销差旅费 920 元，出纳人员审核后，支付其现金。

（11）本月生产 1 000 个 B 产品，现完工 800 个，本月 B 产品生产成本共计 35 000 元，其中未完工产品成本 7 000 元，结转完工产品成本。

项目九　销售业务分析、凭证填制及账簿登记

知识梳理

一、主营业务的核算

1. 主营业务概述

按小企业经营业务的主次分类，收入分为主营业务收入和其他业务收入。主营业务是指小企业为完成其经营目标而从事的日常活动中的主要活动，可根据小企业营业执照上规定的主要业务范围确定，主营业务形成的收入就称为主营业务收入，是小企业收入的主要来源，应重点加以核算。工业企业主营业务收入应按产品的品种或业务的类别等设置明细账，以详细反映每一重大交易的信息。

2. 主营业务的账务处理

（1）主营业务收入的账务处理

小企业因销售产品、提供劳务等尚未收到的款项： 借：应收账款/应收票据等 　　贷：主营业务收入 　　　　应交税费—应交增值税（销项税额）	到期收到商业汇票票面金额 借：银行存款 　　贷：应收票据

（2）主营业务成本的账务处理

小企业对外销售产品、提供劳务，确认为主营业务成本时： 借：主营业务成本 　　贷：库存商品

二、其他业务的核算

1. 其他业务概述

小企业在生产经营过程中，其生产经营范围除营业执照上规定的主营业务，还会从事一些兼营业务，如销售材料、出租固定资产、出租无形资产等。小企业销售除主营业务范围以外的兼营业务所实现的收入，应作为其他业务收入，并应按照其他业务收入类别进行明细核算。

2. 其他业务的账务处理

（1）其他业务收入的账务处理

小企业因销售材料等尚未收到款项时： 借：应收账款/应收票据等 　　贷：其他业务收入 　　　　应交税费—应交增值税(销项税额)	收到货款时： 借：银行存款 　　贷：应收账款

（2）其他业务成本的账务处理

小企业确认其他业务成本时： 借：其他业务成本 　　贷：原材料/累计折旧/累计摊销

三、销售费用的核算

1. 销售费用概述

销售费用，是指小企业在销售商品或提供劳务过程中发生的各种费用。包括广告费、展览费、运输费、装卸费、包装费、保险费、商品维修费、业务宣传费、销售部门费用及人员的职工薪酬、差旅费等。

小企业在实务中如果实际发生了销售佣金、代销手续费、经营性租赁费等费用也计入销售费用。

2. 销售费用的账务处理

小企业发生销售费用时： 借：销售费用 　　贷：库存现金/银行存款/其他应收款等

四、税费的核算

1. 税费概述

小企业开展日常生产经营活动过程中，一般应负担的税费包括增值税、消费税、资源税、城市维护建设税、土地增值税、城镇土地使用税、房产税、车船税、印花税、企业所得税和教育费附加、资源税、环境保护税等。

2. 税费的账务处理

增值税的计算： 本月应交增值税＝本月销项税额－本月进项税额	小企业销售产品，确认营业收入后，月末计算应缴纳增值税时： 借：应交税费—应交增值税(转出未交增值税) 　　贷：应交税费—未交增值税
实际缴纳增值税时： 借：应交税费—未交增值税 　　贷：银行存款	城市维护建设税及教育费附加的计算： 本月应交城建税＝(本月应交增值税＋本月应交消费税)×7% 本月应交教育费附加＝(本月应交增值税＋本月应交消费税)×3% 地方教育费附加的计算： 本月应交教育费附加＝(本月应交增值税＋本月应交消费税)×2%
月末计算应缴纳的城市维护建设税和教育费附加时： 借：税金及附加 　　贷：应交税费	实际缴纳税费时： 借：应交税费 　　贷：银行存款

同步练习

任务一　主营业务的核算

一、单选题

1. 小企业销售产品取得的收入应记入(　　)账户。

A. 销售商品收入　　　　B. 主营业务收入

C. 提供劳务收入　　D. 其他业务收入

2.“主营业务收入”账户属于(　　)账户。

A. 资产类　　B. 负债类

C. 所有者权益类　　D. 成本类

E. 损益类

3. 小企业销售商品、提供劳务取得商业汇票，借方应记入(　　)账户。

A. 应付票据　　B. 应收账款　　C. 应收票据　　D. 应付账款

4. 小企业销售商品、提供劳务应收未收的款项，借方记入(　　)账户。

A. 应付票据　　B. 应收账款　　C. 应收票据　　D. 应付账款

5.“应收票据”账户属于(　　)账户。

A. 资产类　　B. 负债类

C. 所有者权益类　　D. 成本类

E. 损益类

6. 某小企业一张银行承兑汇票到期，收到票面金额，正确的账务处理是(　　)。

A. 借：银行存款
　　贷：应收账款

B. 借：应收票据
　　贷：银行存款

C. 借：银行存款
　　贷：其他应收款

D. 借：银行存款
　　贷：应收票据

7.“主营业务成本”账户属于(　　)账户。

A. 资产类　　B. 负债类

C. 所有者权益类　　D. 成本类

E. 损益类

8. 结转已售产品的成本，正确的账务处理是(　　)。

A. 借：主营业务成本
　　贷：库存商品

B. 借：主营业务成本
　　贷：生产成本

C. 借：库存商品
　　贷：主营业务成本

D. 借：主营业务成本
　　贷：生产成本

二、多选题

1. 小企业按经营业务的主次分类，可以分为(　　)。

A. 销售商品收入　　B. 主营业务收入

C. 其他业务收入　　D. 提供劳务收入

2. 销售下列(　　)属于主营业务。

A. 产成品　　B. 材料　　C. 周转材料　　D. 半成品

3. 下列关于“主营业务收入”账户表述正确的是(　　)。

A.“主营业务收入”账户属于损益类账户

B.“主营业务收入”账户属于收入类账户

C.“主营业务收入”账户属于负债类账户

D.“主营业务收入”账户属于所有者权益类账户

4. 下列关于“主营业务收入”账户表述正确的是(　　)。

A.“主营业务收入”账户借方登记销售产品退回所减少的收入

B.“主营业务收入”账户贷方登记销售产品实现的收入

C.“主营业务收入”账户用来核算小企业销售产品等主营业务取得的收入

D.“主营业务收入”账户借方登记月末转入本年利润账户的收入

5. 下列关于“主营业务成本”账户表述正确的是(　　)。

A.“主营业务成本”账户借方登记已售产品的成本

B.“主营业务成本”账户贷方登记期末转入本年利润账户的主营业务成本

C.“主营业务成本”账户用来核算小企业销售产品等主营业务发生的费用

D.“主营业务成本”账户不属于成本类账户

三、判断题

1. 小企业主营业务可根据小企业营业执照上规定的主要业务范围确定。(　　)

2.“应收票据”账户用来核算小企业因销售商品、提供劳务等日常生产经营活动而收取的商业汇票。(　　)

3.“应收票据”账户贷方只能登记到期收到的商业汇票金额。(　　)

4.“主营业务成本”账户既属于成本类账户，又属于费用类账户。(　　)

5. 主营业务成本与主营业务收入具有配比关系。(　　)

6. 小企业当期如果已经确认了主营业务收入，当期应当将其产品的成本确认为主营业务成本。(　　)

7. 小企业因销售货物、提供劳务而应收取的款项记入“应收账款”账户。(　　)

四、业务题

【资料】凯凯公司发生以下经济业务：

1. 2024 年 4 月 5 日，公司向欢欢公司销售甲产品 1 400 件，每件售价 80 元，产品已经发出，并开具增值税专用发票，增值税税率 13%，同时收到一张转账支票。

2. 2024 年 4 月 8 日，公司向如意公司销售乙产品 600 件，每件 134 元，产品已经发出，开出转账支票，支付代垫运输费价税合计 954. 6 元，并开具增值税专用发票，增值税税率 13%，款项暂欠。

3. 2024 年 4 月 12 日，公司收到如意公司的一张 6 个月期限的银行承兑汇票，以抵付 4 月 8 日所售 600 件乙产品的货款。

4. 2024 年 4 月 15 日，公司向如意公司销售甲产品 2 000 件，每件售价 79 元，产品已经发出，并开具增值税专用发票，同时收到一张 3 个月期限的银行承兑汇票。

5. 2024 年 4 月 18 日，公司向欢欢公司销售乙产品 200 件，每件 130 元，产品已经发出，并开具增值税专用发票，货款暂欠。

6. 2024 年 4 月 25 日，接银行通知，欢欢公司 200 件乙产品的货款已经收到。

7. 2024 年 4 月 30 日，结转本月已售 3 400 件甲产品的成本，每件 50 元；本月已售 800 件乙产品的成本，每件 95 元。

8. 2024 年 7 月 14 日，4 月 15 日收到的如意公司的银行承兑汇票到期，收到票面金额。

9. 2024 年 10 月 11 日，4 月 12 日收到的如意公司的银行承兑汇票到期，收到票面金额。

【要求】根据上述业务编制有关会计分录。

任务二　其他业务的核算

一、单选题

1. 小企业销售材料取得的收入，记入(　　)账户。

A. 销售商品收入　　B. 主营业务收入

C. 提供劳务收入　　D. 其他业务收入

2. “其他业务成本”账户属于(　　)账户。

A. 资产类　　B. 负债类　　C. 费用类　　D. 成本类

3. 结转已售材料的成本，正确的账务处理是(　　)。

A. 借：主营业务成本
　　贷：原材料

B. 借：主营业务成本
　　贷：库存商品

C. 借：其他业务成本
　　贷：原材料

D. 借：主营业务成本
　　贷：库存商品

4. 小企业销售材料未收到货款，借方记入(　　)账户。

A. 其他应收款　　B. 应收账款　　C. 应收票据　　D. 预收账款

5. 代购货单位垫付的运杂费，借方计入(　　)账户。

A. 应收账款　　B. 销售费用　　C. 应收票据　　D. 其他应收款

6. 收到客户暂欠的货款，正确的账务处理是(　　)。

A. 借：银行存款
　　贷：主营业务收入

B. 借：银行存款
　　贷：库存商品

C. 借：银行存款　　　　　　　　　　D. 借：银行存款
　　贷：预收账款　　　　　　　　　　　　贷：应收账款

7. 计提出租固定资产的折旧费，正确的账务处理是(　　)。

A. 借：主营业务成本　　　　　　　　B. 借：制造费用
　　贷：累计折旧　　　　　　　　　　　　贷：累计折旧

C. 借：其他业务成本　　　　　　　　D. 借：管理费用
　　贷：累计折旧　　　　　　　　　　　　贷：累计折旧

二、多选题

1. 下列(　　)业务属于其他业务。

A. 销售产成品　　　　B. 销售材料

C. 出租固定资产　　　　D. 销售半成品

2. “其他业务成本”账户借方登记(　　)。

A. 已售材料成本　　　　B. 已售产品成本

C. 出租固定资产折旧额　　　　D. 出租无形资产摊销额

3. 下列(　　)，记入“其他业务收入”账户。

A. 销售材料收入　　　　B. 出租固定资产的租金收入

C. 销售半成品收入　　　　D. 出租无形资产的租金收入

4. 下列各项中，属于企业其他业务收入核算范围的有(　　)。

A. 出售原材料取得的收入　　　　B. 出租固定资产取得的租金收入

C. 出售无形资产取得的净收益　　　　D. 出租包装物取得的收入

5. 企业在核算其他业务成本时，可能涉及的会计科目有(　　)。

A. 其他业务成本　　B. 累计折旧　　C. 原材料　　D. 周转材料

6. 下列记入其他应收款的有(　　)。

A. 应收的出租包装物租金　　　　B. 应收的各种赔款

C. 存出保证金　　　　D. 应向职工收取的各种垫付款项

三、判断题

1. 其他业务成本与其他业务收入不具有配比关系。(　　)

2. 小企业应收保险公司的赔款记入“应收账款”账户。(　　)

3. 企业出售闲置的办公设备取得的收入一定通过“其他业务收入”核算。(　　)

4. 企业出租无形资产所取得的租金收入，在确认时应同时结转该无形资产的摊销成本到其他业务成本。(　　)

5. 其他业务收入和其他业务成本期末都要结转到“本年利润”科目。(　　)

6. 企业将原材料用于在建工程，应将原材料的成本从“原材料”科目转入“其他业务成本”科目。(　　)

7. 企业收到出租包装物的押金应通过“其他业务收入”核算。（　　）

8. 企业因经营不善，将部分闲置的厂房对外出售，出售厂房的净收益应计入“其他业务收入”。（　　）

9. 企业的其他业务收入和主营业务收入都需要缴纳增值税。（　　）

四、业务题

【资料】山花公司发生以下经济业务：

1. 2024 年 5 月 11 日，公司向蓝天公司销售 A 材料 250 千克，每千克售价 350 元，材料已经发出，并开具增值税专用发票，收到款项存入银行。

2. 2024 年 5 月 11 日，结转售给蓝天公司 A 材料的成本，每千克成本 340 元。

3. 2024 年 5 月 15 日，公司向金华公司销售 B 材料 2 吨，每吨售价 8 650 元，材料已经发出，并开具增值税专用发票，材料款暂欠。

4. 2024 年 5 月 15 日，结转售给金华公司 B 材料的成本，每吨成本 8 400 元。

5. 2024 年 5 月 20 日，公司收到金华公司一张 2 个月期限的银行承兑汇票，用以支付 B 材料货款。

6. 2024 年 5 月 21 日，公司收到本月应收的出租固定资产的租金收入 3 200 元。

7. 2024 年 5 月 31 日，计提本月出租固定资产的折旧费 1 120 元。

8. 2024 年 7 月 19 日，公司持有的金华公司 2 个月期限的银行承兑汇票到期，票面金额 20 241 元，收到票面金额。

【要求】根据上述业务编制有关会计分录。

任务三　销售费用的核算

一、单选题

1. 出借差旅费，借方记入(　　)账户。

A. 应收账款　　B. 销售费用　　C. 应收票据　　D. 其他应收款

2. 企业为宣传新产品发生的广告费，应计入(　　)。

A. 管理费用　　B. 销售费用　　C. 财务费用　　D. 制造费用

3. 下列费用中，不属于销售费用的是(　　)。

A. 销售机构的办公费　　B. 销售产品的运输费
C. 销售产品的包装费　　D. 车间管理人员的工资

4. 企业销售商品时代垫的运杂费，应在(　　)科目核算。

A. 销售费用　　B. 应收账款　　C. 其他应收款　　D. 管理费用

5. 企业专设销售机构发生的固定资产日常修理费用应计入(　　)。

A. 制造费用　　B. 销售费用　　C. 生产成本　　D. 其他业务成本

6. 企业销售产品时支付给中介机构的佣金，应计入(　　)。

A. 管理费用　　B. 销售费用　　C. 财务费用　　D. 主营业务成本

二、多选题

1. 下列(　　)，记入“销售费用”账户。

A. 销售产品支付的运杂费　　B. 购买材料支付的运杂费
C. 销售人员的工资　　D. 业务招待费

2. 下列说法正确的是(　　)。

A. 销售人员报销差旅费计入销售费用
B. 采购人员报销差旅费计入销售费用
C. 行政人员报销差旅费计入管理费用
D. 车间管理人员报销差旅费计入制造费用

3. 销售人员报销差旅费下列正确的账务处理有(　　)。

A. 借：管理费用
　　贷：库存现金
B. 借：销售费用
　　贷：库存现金
C. 借：销售费用
　　贷：其他应收款
D. 借：管理费用
　　贷：其他应收款

4. 下列费用中，属于销售费用核算范围的有(　　)。

A. 销售产品的包装费　　B. 销售机构人员的工资及福利费
C. 销售产品的展览费　　D. 销售产品的装卸费
E. 企业销售部门的办公费

5. 下列各项费用中，应计入销售费用的有(　　)。

A. 销售产品时发生的运输费　　B. 销售产品时发生的包装费
C. 销售机构的业务培训费　　D. 销售机构的房屋租赁费

6. 下列各项中，属于销售费用核算内容的有(　　)。

A. 销售商品的售后服务费　　B. 销售机构的水电费
C. 销售商品的运输费　　D. 销售商品的生产成本
E. 销售商品的关税

三、判断题

1. 企业为销售商品而发生的运输费、装卸费等，均应计入销售费用。　　(　　)

2. 销售机构人员的工资，无论其销售业绩如何，都应计入销售费用。 ( )

3. 企业销售产品时代垫的运杂费，应计入销售费用。 ( )

4. 已售商品预计保修费用应计入销售费用。 ( )

5. 销售机构的固定资产日常修理费用应计入制造费用。 ( )

6. 企业为推广新产品而发生的展览费应计入销售费用。 ( )

四、业务题

【资料】金华公司发生以下经济业务：

1. 2024 年 5 月 7 日，公司销售人员张好出差，预借差旅费 2 000 元。

2. 2024 年 5 月 10 日，公司开出转账支票支付售出产品的保险费 830 元。

3. 2024 年 5 月 14 日，公司开出支票支付广告费 65 000 元。

4. 2024 年 5 月 15 日，销售人员张好出差归来，报销差旅费 1 560 元，余款现金退回公司。

5. 2024 年 5 月 16 日，销售人员程成报销差旅费 450 元，出纳审核后，支付现金。

6. 2024 年 5 月 20 日，公司销售产品，取得货物运输业增值税专用发票，其运输费 1 200元，增值税税额 132 元，已经通过银行电汇付款。

7. 2024 年 5 月 25 日，公司开出支票支付产品售后服务费 23 500 元。

8. 2024 年 5 月 31 日，计提销售人员工资 17 800 元。

【要求】根据上述业务编制有关会计分录。

任务四 税费的核算

一、单选题

1. 支付的税收滞纳金计入(　　)账户。

A. 税金及附加　　　　B. 销售费用

C. 营业外支出　　　　D. 其他业务成本

2. 月末转出未交增值税正确的账务处理是(　　)。

A. 借：应交税费—应交增值税(转出未交增值税)

　　贷：应交税费—未交增值税

B. 借：应交税费—应交增值税(转出未交增值税)

　　贷：应交税费—应交增值税

C. 借：应交税费—应交增值税

　　贷：应交税费—未交增值税

D. 借：应交税费—应交增值税(销项税额)

　　贷：应交税费—应交增值税(进项税额)

　　　　应交税费—未交增值税

3. 某小规模纳税人，本月销售额为 50 万元(含税)，征收率为 3%，则本月应缴纳的增值税税额为(　　)万元。(保留两位小数)

A. 1. 46　　B. 1. 50　　C. 1. 36　　D. 1. 25

4. 某企业本期实际缴纳增值税 10 万元、消费税 5 万元。城市维护建设税税率为 7%，教育费附加率为 3%。该企业本期应缴纳的城市维护建设税和教育费附加合计为(　　)万元。

A. 1. 5　　B. 1. 05　　C. 0. 9　　D. 1. 2

5. 某企业 2024 年全年利润总额为 200 万元，企业所得税税率为 25%。该企业应缴纳的企业所得税为(　　)万元。

A. 50　　B. 40　　C. 30　　D. 60

二、多选题

1. “税金及附加”账户核算的税费有(　　)。

A. 城市维护建设税　　B. 教育费附加

C. 企业所得税　　D. 增值税

2. 下列关于“税金及附加”账户表述正确的是(　　)。

A. “税金及附加”账户属于损益类账户

B. “税金及附加”账户核算属于小企业的所有税费

C. “税金及附加”账户期末无余额

D. “税金及附加”账户贷方登记期末转入“本年利润”账户的税费

3. “税金及附加”账户核算的费用有(　　)。

A. 教育费附加　　B. 矿产资源补偿费

C. 排污费　　D. 绿化费

4. 下列各项中，应计入增值税一般纳税人外购存货入账价值的有(　　)。

A. 购买价款　　B. 入库前的挑选整理费用

C. 运输途中的合理损耗　　D. 可抵扣的增值税进项税额

5. 某企业本期实际缴纳增值税 20 万元、消费税 10 万元。以下关于以此为计税依据计算的税费正确的有(　　)。

A. 城市维护建设税的计税依据为 30 万元

B. 教育费附加的计税依据为 30 万元

C. 地方教育费附加的计税依据为 30 万元

D. 企业所得税的计税依据为 30 万元

三、判断题

1. 小企业支付的税收滞纳金计入税金及附加。（　　）

2. 小企业印花税计入管理费用。（　　）

3. 小企业环境保护税计入税金及附加。（　　）

4. 增值税是价外税，所以在计算企业的销售收入时，应将增值税税额从含税销售额中扣除。（　　）

5. 小规模纳税人的增值税征收率一律为 3%。（　　）

6. 城市维护建设税的计税依据是纳税人实际缴纳的增值税、消费税的税额之和。（　　）

四、业务题

1. 某一般纳税人企业，本月销售货物取得不含税销售额为 800 万元，适用的增值税税率为 13%。该企业当月购进原材料取得增值税专用发票，注明的增值税税额为 70 万元。计算该企业本月应缴纳的增值税税额并编制相关的会计分录。

2. 某企业本月实际缴纳增值税税额为 40 万元，消费税税额为 10 万元。计算该企业本月应缴纳的城市维护建设税（税率为 7%）、教育费附加（征收率为 3%）和地方教育费附加（征收率为 2%），并编制相关会计分录。

综合技能训练

一、练习销售产品的账务处理

【资料】2024 年 7 月 15 日，时尚之源服装制造有限公司向时尚漫步商贸公司销售休闲 T 恤 2 500 件，每件售价 95 元、成本价 45 元；休闲裤 2 000 件，每件售价 105 元、成本价 55 元。货已经发出，款项尚未收到。

【要求】1. 填制电子增值税专用发票、产品出库单、已售产品成本计算表；

2. 根据原始凭证填制记账凭证；

3. 登记“应收账款”“主营业务收入”“应交税费”“主营业务成本”“库存商品”总分类账和明细分类账。（“应交税费”账户续前登记；“应收账款”账户期初余额为 21 740 元，为唐都服饰商贸有限公司欠款；“库存商品”账户期初余额为 289 000 元，其中休闲 T 恤数量 3 000件，金额 135 000 元，休闲裤数量 2 800 件，金额 154 000 元）

电子发票（增值税专用发票） 发票号码：24342000000323037806
开票日期： 年 月 日

全国统一发票监制章 国家税务总局 重庆市税务局

购买方信息	名称： 统一社会信用代码/纳税人识别号：	销售方信息	名称： 统一社会信用代码/纳税人识别号：

项目名称	规格型号	单位	数量	单价	金额	税率/征收率	税额
合　计：							

价税合计（大写）	（小写）
备注	

开票人：

下载次数：

图 1　电子增值税专用发票

出库单

年　月　日

领货部门：　　　　仓库：休闲T恤产成品库　　单号：17

产品名称	规格型号	计量单位	出库数量

第三联交财务科

库管员：　　　　领货人：曹正楠

图 2　产品出库单

出库单

年　月　日

领货部门：　　　　　　　　　　仓库：休闲裤产成品库　　单号：18

产品名称	规格型号	计量单位	出库数量

第三联交财务科

库管员：　　　　　　　　　　领货人：李洁雅

图 3　产品出库单

记　账　凭　证

年　月　日　　　　字第　号

摘要	会计科目		借方金额											贷方金额											记账
	总账科目	明细科目	亿	千	百	十	万	千	百	十	元	角	分	亿	千	百	十	万	千	百	十	元	角	分	√
附件　张	合计																								

深圳市前通实业有限公司出品

会计主管　　记账　　出纳　　审核　　制证

图 4　记账凭证

总 分 类 账

总第　页　分第　页

年 度　　　　会计科目及编号：

年		凭证号数		摘要	对方科目	借方											√	贷方											√	借或贷	余额											√
月	日	种类	号数			亿	千	百	十	万	千	百	十	元	角	分		亿	千	百	十	万	千	百	十	元	角	分			亿	千	百	十	万	千	百	十	元	角	分	

图 5　“应收账款”总分类账

总分类账

总第　　页　分第　　页

年度　　　　会计科目及编号：

年		凭证号数		摘要	对方科目	借方											√	贷方											√	借或贷	余额											√
月	日	种类	号数			亿	千	百	十	万	千	百	十	元	角	分		亿	千	百	十	万	千	百	十	元	角	分			亿	千	百	十	万	千	百	十	元	角	分	

图6　“主营业务收入”总分类账

明细分类账

总第　　页　分第　　页

______级科目及编号 ______

年度

______级科目及编号 ______

年		凭证号数		摘要	对方科目	借方											√	贷方											√	借或贷	余额											√
月	日	种类	号数			亿	千	百	十	万	千	百	十	元	角	分		亿	千	百	十	万	千	百	十	元	角	分			亿	千	百	十	万	千	百	十	元	角	分	

图7　“应收账款”明细分类账

科目名称 ______________　　______________________

总页	
分页	

年		凭证		摘要																																																			合计									
月	日	字	号		千	百	十	万	千	百	十	元	角	分	千	百	十	万	千	百	十	元	角	分	千	百	十	万	千	百	十	元	角	分	千	百	十	万	千	百	十	元	角	分	千	百	十	万	千	百	十	元	角	分	千	百	十	万	千	百	十	元	角	分

图8　“主营业务收入”明细分类账

已售产品成本计算表

年　月　日

产品名称	规格型号	计量单位	出库数量	单位成本	总成本

第三联交财务科

编制：　　　　　　　　审核：

图9　已售产品成本计算表

记 账 凭 证

年　月　日　　　　字第　　号

摘要	会计科目		借方金额											贷方金额											记账 √
	总账科目	明细科目	亿	千	百	十	万	千	百	十	元	角	分	亿	千	百	十	万	千	百	十	元	角	分	
附件　张	合计																								

深圳市前通实业有限公司出品

会计主管　　记账　　出纳　　审核　　制证

图 10　记账凭证

总 分 类 账

总第　页　分第　页

年度　　　　会计科目及编号：

年		凭证号数		摘要	对方科目	借方											√	贷方											借或贷	余额											√
月	日	种类	号数			亿	千	百	十	万	千	百	十	元	角	分		亿	千	百	十	万	千	百	十	元	角	分		亿	千	百	十	万	千	百	十	元	角	分	

图 11　“主营业务成本”总分类账

总 分 类 账

总第　页　分第　页

年度　　　　会计科目及编号：

年		凭证号数		摘要	对方科目	借方											√	贷方											借或贷	余额											√
月	日	种类	号数			亿	千	百	十	万	千	百	十	元	角	分		亿	千	百	十	万	千	百	十	元	角	分		亿	千	百	十	万	千	百	十	元	角	分	

图 12　“库存商品”总分类账

最高储存量 ______

最低储存量 ______

明 细 分 类 账

本账页数	
本户页数	

编号 ______ 规格 ______　　　　单位 ______ 名称 ______

年		凭证		摘要	收入（借方）											发出（贷方）											借或贷	余额（结存）										
月	日	种类	号数		数量	单价	百	十	万	千	百	十	元	角	分	数量	单价	百	十	万	千	百	十	元	角	分		数量	单价	百	十	万	千	百	十	元	角	分

图 13　“库存商品—休闲 T 恤”明细分类账

最高储存量 ______

最低储存量 ______

明细分类账

本账页数	
本户页数	

编号 ______ 规格 ______ 单位 ______ 名称 ______

年		凭证		摘要	收入（借方）											发出（贷方）											借或贷	余额（结存）										
月	日	种类	号数		数量	单价	百	十	万	千	百	十	元	角	分	数量	单价	百	十	万	千	百	十	元	角	分		数量	单价	百	十	万	千	百	十	元	角	分

图 14 “库存商品—休闲裤”明细分类

科目名称 ______________ ______________

总页	
分页	

年		凭证		摘要																																																			合计									
月	日	字	号		千	百	十	万	千	百	十	元	角	分	千	百	十	万	千	百	十	元	角	分	千	百	十	万	千	百	十	元	角	分	千	百	十	万	千	百	十	元	角	分	千	百	十	万	千	百	十	元	角	分	千	百	十	万	千	百	十	元	角	分

图 15 “主营业务成本”明细分类账

二、练习税费的账务处理

【资料】2024 年 7 月 31 日，时尚之源服装制造有限公司计算并结转本月应交的增值税、城市维护建设税、教育费附加。

【要求】1. 填制增值税计算表、城市维护建设税和教育费附加计算表；

2. 根据原始凭证填制记账凭证；

3. 登记“税金及附加”“应交税费”总分类账和明细分类账。（“应交税费”总分类账和“应交税费—应交增值税”明细分类账续前登记）

增值税计算表

年　月　　　　单位：元

项目	行次	金额
本月销项税额	1	
本月进项税额	2	
本月进项税额转出	3	
上期留抵税额	4	
本月未交增值税额	5	

编制：　　　　审核：

图 16 增值税计算表

城市维护建设税和教育费附加计算表

年　月　　　　　　　　　　　　单位：元

税(费)种	计税基数	税(费)率	税(费)额
合计			

编制：　　　　　　　　　　　　审核：

图 17　城市维护建设税和教育费附加计算表

记　账　凭　证

年　月　日　　　　　　字第　号

深圳市甫通实业有限公司出品

摘要	会计科目		借方金额											贷方金额											记账✓
	总账科目	明细科目	亿	千	百	十	万	千	百	十	元	角	分	亿	千	百	十	万	千	百	十	元	角	分	
附件　张	合计																								

会计主管　　记账　　出纳　　审核　　制证

图 18　记账凭证

记　账　凭　证

年　月　日　　　　　　字第　号

深圳市甫通实业有限公司出品

摘要	会计科目		借方金额											贷方金额											记账✓
	总账科目	明细科目	亿	千	百	十	万	千	百	十	元	角	分	亿	千	百	十	万	千	百	十	元	角	分	
附件　张	合计																								

会计主管　　记账　　出纳　　审核　　制证

图 19　记账凭证

总 分 类 账

总第　　页　分第　　页

年 度　　　　　　　　　　会计科目及编号：

年		凭证号数		摘要	对方科目	借方											√	贷方											√	借或贷	余额											√
月	日	种类	号数			亿	千	百	十	万	千	百	十	元	角	分		亿	千	百	十	万	千	百	十	元	角	分			亿	千	百	十	万	千	百	十	元	角	分	

图 20　“税金及附加”总分类账

总页	
分页	

科目名称 ____________　______________________

年		凭证		摘要																																																			合计									
月	日	字	号		千	百	十	万	千	百	十	元	角	分	千	百	十	万	千	百	十	元	角	分	千	百	十	万	千	百	十	元	角	分	千	百	十	万	千	百	十	元	角	分	千	百	十	万	千	百	十	元	角	分	千	百	十	万	千	百	十	元	角	分

图 21　“税金及附加”明细分类账

明 细 分 类 账

总第　　页　分第　　页

年度

____级科目及编号 ______________

____级科目及编号 ______________

年		凭证号数		摘要	对方科目	借方											√	贷方											√	借或贷	余额											√
月	日	种类	号数			亿	千	百	十	万	千	百	十	元	角	分		亿	千	百	十	万	千	百	十	元	角	分			亿	千	百	十	万	千	百	十	元	角	分	

图 22　“应交税费—应交城市维护建设税”明细分类账

明 细 分 类 账

总第　　页　分第　　页

年度

____级科目及编号 ______________

____级科目及编号 ______________

年		凭证号数		摘要	对方科目	借方											√	贷方											√	借或贷	余额											√
月	日	种类	号数			亿	千	百	十	万	千	百	十	元	角	分		亿	千	百	十	万	千	百	十	元	角	分			亿	千	百	十	万	千	百	十	元	角	分	

图 23　“应交税费—应交教育费附加”明细分类账

项目测试

一、**单项选择题**(在题后的四个备选答案中，选出正确答案填入题干中的括号内，每小题2分，共30分)

1. 某企业采用托收承付结算方式销售一批商品，增值税专用发票上注明的价款为100万元，增值税税额为13万元，已办理托收手续。此时该企业应确认的收入金额为(　　)万元。

A. 100　　B. 113　　C. 87　　D. 0

2. 企业销售商品采用预收款方式的，在(　　)时确认收入。

A. 签订合同　　B. 收到预收款

C. 发出商品　　D. 客户验收商品

3. 某企业销售商品一批，开出的增值税专用发票上注明的售价为50万元，增值税税额为6.5万元，另收取包装费2万元(含税)。该企业此笔业务应确认的收入金额为(　　)万元。

A. 50　　B. 51.86　　C. 52　　D. 50.18

4. 企业在销售商品过程中发生的运输费、装卸费等费用，通常应计入(　　)。

A. 销售费用　　B. 主营业务成本

C. 其他业务成本　　D. 管理费用

5. 某企业销售A产品，售价为100万元，增值税税率为13%，已收到款项。该企业应确认的主营业务收入为(　　)万元。

A. 100　　B. 113　　C. 87　　D. 0

6. 企业销售商品采用委托代销方式，在(　　)时确认收入。

A. 签订委托代销合同

B. 发出商品给受托方

C. 受托方售出商品并向委托方报送代销清单

D. 收到受托方支付的代销款

7. 企业销售商品时，若将商品所有权上的主要风险和报酬转移给了客户，但尚未办理商品的移交手续，此时(　　)。

A. 不应确认收入　　B. 应确认收入

C. 应根据情况确定是否确认收入　　D. 应先确认成本，再确认收入

8. 某企业销售一批商品，增值税专用发票上注明的价款为200万元，增值税税额为26万元，同时收取运费1万元(含税)。该企业此笔业务应确认的收入金额为(　　)万元。

A. 200　　B. 200.93　　C. 201　　D. 226

9. 企业销售商品一批，售价为10 000元，增值税税额为1 300元，已收到款项并存入

银行。该批商品成本为 8 000 元。确认收入时应贷记的科目是(　　)。

A. 主营业务成本　　B. 库存商品

C. 主营业务收入　　D. 银行存款

10. 某企业采用托收承付结算方式销售一批商品，增值税专用发票注明的价款为 50 000 元，增值税税额为 6 500 元，已办理托收手续。该企业应确认的应收账款金额为(　　)元。

A. 50 000　　B. 56 500　　C. 43 500　　D. 0

11. 企业销售原材料一批，售价为 3 000 元，增值税税额为 390 元，款项尚未收到。该批原材料成本为 2 500 元。销售原材料应计入的科目是(　　)。

A. 主营业务收入　　B. 其他业务收入

C. 营业外收入　　D. 投资收益

12. 下列关于销售业务核算的表述中，正确的是(　　)。

A. 销售商品的运费全部由购买方承担

B. 销售商品涉及的消费税直接计入管理费用

C. 销售商品发生的包装费应计入销售费用

D. 销售商品的增值税税额应计入主营业务收入

13. 企业销售商品取得收入 12 000 元，存入银行，同时结转商品成本 9 000 元。以下会计分录正确的是(　　)。

A. 借：银行存款 12 000 元
　　贷：主营业务收入 12 000 元
　借：主营业务成本 9 000 元
　　贷：库存商品 9 000 元

B. 借：主营业务收入 12 000 元
　　贷：银行存款 12 000 元
　借：库存商品 9 000 元
　　贷：主营业务成本 9 000 元

C. 借：银行存款 12 000 元
　　贷：其他业务收入 12 000 元
　借：其他业务成本 9 000 元
　　贷：库存商品 9 000 元

D. 借：主营业务收入 12 000 元
　　贷：应收账款 12 000 元
　借：主营业务成本 9 000 元
　　贷：库存商品 9 000 元

14. 以下关于销售业务中税金核算的说法正确的是(　　)。

A. 销售商品应缴纳的增值税应计入销售费用

B. 销售不动产应缴纳的土地增值税应计入固定资产清理

C. 销售应税消费品应缴纳的消费税应计入财务费用

D. 销售商品应缴纳的城市维护建设税应计入管理费用

15. 企业销售商品一批，开具普通发票，注明金额为 5 500 元。该批商品成本为 4 000 元。企业应确认的主营业务收入金额为(　　)元(假设增值税税率为 13%)。

A. 5 500　　B. 4 867. 26

C. 4 000　　D. 5 000

二、多项选择题(在题后的备选答案中，选出两个或两个以上正确答案填入题干中的括号内，每小题3分，共30分)

1. 下列关于销售商品收入确认条件的表述中，正确的有(　　)。

A. 企业已将商品所有权上的主要风险和报酬转移给购货方，构成确认销售商品收入的重要条件

B. 相关的经济利益很可能流入企业是指销售商品价款收回的可能性大于不能收回的可能性，即销售商品价款收回的可能性超过50%

C. 企业既没有保留通常与所有权相联系的继续管理权，也没有对已售出的商品实施有效控制，是确认销售商品收入的必要条件

D. 相关的已发生或将发生的成本能够被可靠地计量，是指与销售商品有关的已发生或将发生的成本能够被合理地估计

2. 企业在核算销售费用时，通常包括的项目有(　　)。

A. 销售方承担的运输费　　B. 销售产品的包装费

C. 展览费　　D. 广告费

3. 企业销售商品涉及的应缴纳的税费可能有(　　)。

A. 增值税　　B. 消费税

C. 城市维护建设税　　D. 教育费附加

4. 下列关于销售业务中销售费用与管理费用区别的表述，正确的有(　　)。

A. 销售费用主要是与企业销售商品和材料、提供劳务的过程相关的费用

B. 管理费用主要是为组织和管理企业生产经营所发生的费用

C. 销售费用通常包括销售人员的薪酬等，管理费用包括管理人员的薪酬等

D. 销售费用与销售活动直接相关，管理费用更多是企业整体运营管理层面的费用

5. 在销售业务核算中，以下哪些属于应收账款的核算内容？(　　)

A. 销售商品应收取的价款　　B. 代购货方垫付的包装费

C. 代购货方垫付的运杂费　　D. 销售商品应收取的增值税销项税额

6. 销售业务核算中，影响主营业务利润的因素有(　　)。

A. 主营业务收入　　B. 主营业务成本

C. 销售费用　　D. 管理费用

7. 下列关于销售业务中销售商品的运费核算，正确的有(　　)。

A. 销售方承担的运费，若取得运输发票且符合抵扣条件，可抵扣进项税额

B. 销售方承担的运费，应计入管理费用

C. 购货方承担的运费，销售方代垫时应通过“应收账款”核算

D. 购货方承担的运费，若取得运输发票且符合抵扣条件，可抵扣进项税额

8. 在销售业务核算中，以下关于销售发票的说法正确的有(　　)。

A. 销售发票是确认销售业务发生的重要原始凭证

B. 增值税专用发票可用于购货方抵扣进项税额

C. 普通发票不能用于购货方抵扣进项税额(除特殊情况外)

D. 销售发票应如实填写销售商品的信息、金额等内容

9. 下列各项中，应计入其他业务收入的有(　　)。

A. 出售原材料取得的收入

B. 出租固定资产取得的租金收入

C. 转让无形资产使用权取得的收入

D. 销售商品取得的收入

10. 下列各项中，会影响城市维护建设税及教育费附加计算的有(　　)。

A. 实际缴纳的增值税税额

B. 实际缴纳的消费税税额

C. 因违反税法规定而被加收的滞纳金

D. 因违反税法规定而被处的罚款

三、判断题(判断下列各题说法的正误，正确的在括号内打"√"，错误的在括号内打"×"，每题1分，共10分)

1. 企业只要发出商品，就应确认销售收入。(　　)

2. 采用托收承付方式销售商品，在办妥托收手续时确认收入，不论购货方是否收到商品。(　　)

3. 销售人员的工资都应计入销售费用。(　　)

4. 销售部门领用的办公用品，若金额较小，可以不通过销售费用核算。(　　)

5. 增值税是销售业务中必须计入销售税金及附加的税种。(　　)

6. 城市维护建设税和教育费附加的计算依据是企业的销售收入。(　　)

7. 企业采用预收款方式销售商品，在收到预收款时就应确认销售收入。(　　)

8. 企业将多余的原材料销售给其他企业，收到的款项应计入其他业务收入。(　　)

9. 企业将闲置的房屋出租，收到的租金收入应全部计入主营业务收入。(　　)

10. 销售材料时，相应的材料成本应结转至其他业务成本。(　　)

四、业务题(第1题和第2题每题4分，第3题每小题2分，共30分)

1. 某一般纳税人企业，本月销售货物取得不含税销售额为500万元，适用的增值税税率为13%。该企业当月购进原材料取得增值税专用发票，注明的增值税税额为40万元。计算该企业本月应缴纳的增值税税额(2分)，并写出会计分录(2分)。

2. 某企业本月实际缴纳增值税税额为50万元，消费税税额为30万元。计算该企业本月应缴纳的城市维护建设税（税率为7%）、教育费附加（征收率为3%）和地方教育费附加（征收率为2%）（2分），并写出会计分录（2分）。

3. 光明公司2024年11月发生部分经济业务如下：

（1）销售商品一批，售价10 000元，增值税税率13%，款项已收存银行。

（2）结转上述商品成本为6 000元。

（3）企业采用赊销方式销售产品，售价8 000元，增值税税率13%。

（4）结转上述赊销产品成本为5 000元。

（5）企业销售一批积压的材料，售价5 000元，增值税税率13%，款项暂未收到。

（6）结转销售材料成本为3 500元。

（7）企业为推广新产品，支付广告公司广告费5 000元，银行转账支付。

（8）销售部门本月领用原材料一批，价值300元。

（9）本期进项税额为8 000元，销项税额为10 000元，期末进行增值税结转。

（10）本月实际缴纳增值税税额50 000元，消费税税额30 000元，城市维护建设税税率为7%，教育费附加征收率为3%，地方教育费附加征收率为2%。

（11）实际缴纳上述城市维护建设税和教育费附加。

【要求】根据上述业务编制有关会计分录。

项目十　财务成果

知识梳理

一、营业外收入的核算

1. 营业外收入概述

营业外收入是指小企业非日常生产经营活动形成的，应当计入当期损益、会导致所有者权益增加、与所有者投入资本无关的经济利益的流入。

小企业的营业外收入包括：非流动资产处置净收益、政府补助、捐赠收益、盘盈收益、汇兑收益、出租包装物和商品的租金收入、逾期未退包装物押金收益、确实无法偿付的应付款项、已作坏账损失处理后又收回的应收款项、违约金收益等。

2. 营业外收入的账务处理

发生营业外收入： 借：银行存款/应付账款/其他应付款/待处理财产损溢等 　贷：营业外收入

二、营业外支出的核算

1. 营业外支出概述

营业外支出，是指小企业非日常生产经营活动发生的，应当计入当期损益、会导致所有者权益减少、与向所有者分配利润无关的经济利益的净流出。

小企业的营业外支出包括：存货的盘亏、毁损、报废损失，非流动资产处置净损失，坏账损失，无法收回的长期债券投资损失，无法收回的长期股权投资损失，自然灾害等不可抗力因素造成的损失，税收滞纳金，罚金，罚款，被没收财物的损失，捐赠支出，赞助支出等。

2. 营业外支出的账务处理

发生营业外支出： 借：营业外支出 　　贷：银行存款/应收账款/其他应收款/待处理财产损溢等

三、企业所得税的核算

1. 企业所得税的概述

根据我国《企业所得税法》的规定，小企业作为法人有义务向国家缴纳企业所得税。

2. 计算公式

① 应纳所得税额=应纳税所得额×适用税率

② 应纳税所得额=利润总额+纳税调整增加额-纳税调整减少额-弥补以前年度亏损

3. 企业所得税的账务处理

计提所得税费用： 借：所得税费用 　　贷：应交税费—应交所得税	缴纳所得税： 借：应交税费—应交所得税 　　贷：银行存款—某银行

四、利润形成及分配的核算

1. 利润概述

利润是指小企业在一定会计期间的经营成果。小企业在一定期间内获得的经营成果表现为盈利和亏损两个方面。

2. 利润的构成

利润根据其构成内容的不同，具体可以分为营业利润、利润总额和净利润三个概念。

营业利润=营业收入-营业成本-税金及附加-销售费用-管理费用-财务费用+投资收益(-投资损失)

利润总额=营业利润+营业外收入-营业外支出

净利润=利润总额-所得税费用

3. 利润的账务处理

(1) 利润形成的核算

结转收入： 借：主营业务收入/其他业务收入/ 　　投资收益/营业外收入 　　贷：本年利润	结转费用： 借：本年利润 　　贷：主营业务成本/其他业务成本/ 　　　　税金及附加/销售费用/ 　　　　管理费用/财务费用/ 　　　　营业外支出/所得税费用
年末结转本年利润(当年盈利)： 借：本年利润 　　贷：利润分配—未分配利润	年末结转本年利润(当年亏损)： 借：利润分配—未分配利润 　　贷：本年利润

(2) 利润分配的核算

当年实现的净利润，如果有尚未弥补的亏损，应先弥补亏损，然后按下列顺序进行分配：①提取法定公积金；②提取任意公积金；③向投资者分配。

提取公积金： 借：利润分配—提取法定盈余公积 　　　　　　—提取任意盈余公积 　　贷：盈余公积—法定盈余公积 　　　　　　　—任意盈余公积	向投资者分配利润： 借：利润分配—应付利润 　　贷：应付利润
向投资者支付利润： 借：应付利润 　　贷：银行存款	结转利润分配明细科目： 借：利润分配—未分配利润 　　贷：利润分配—提取法定盈余公积 　　　　　　　　—提取任意盈余公积 　　　　　　　　—应付利润

特别注意：用利润弥补亏损，无须做单独账务处理。

同步练习

任务一　营业外收入的核算

一、单选题

1. 营业外收入属于(　　)账户。

A. 资产类　　B. 所有者权益类

C. 负债类　　D. 损益类

2. 现金盘盈收益记入(　　)账户。

A. 主营业务收入　　B. 营业外收入

C. 其他业务收入　　D. 冲减管理费用

3. 出租设备的租金收入记入(　　)账户。

A. 主营业务收入　　B. 营业外收入

C. 其他业务收入　　D. 冲减管理费用

4. 出租包装物的租金收入记入(　　)账户。

A. 主营业务收入　　B. 营业外收入

C. 其他业务收入　　D. 冲减管理费用

5. 逾期未退包装物押金收益正确的账务处理是(　　)。

A. 借：其他应付款

　　贷：营业外收入

B. 借：其他应收款

　　贷：其他业务收入

C. 借：其他应付款

　　贷：营业外收入

　　　　应交税费—应交增值税(销项税额)

D. 借：其他应收款

　　贷：其他业务收入

　　　　应交税费—应交增值税(销项税额)

二、多选题

1. 下列有关营业外收入表述正确的是(　　)。

A. 营业外收入是纯收入

B. 营业外收入是利润的重要组成部分，因此“营业外收入”账户属于所有者权益类账户

C. 营业外收入是非日常生产经营活动形成的经济利益的流入

D. 营业外收入不需要与有关费用进行配比

2. 下列属于营业外收入的有(　　)。

A. 流动资产处置净收益　　B. 租金收入

C. 确实无法偿付的应付款项　　D. 政府补助

3. 下列收益作为营业外收入的有(　　)。

A. 非流动资产处置净收益　　B. 捐赠收益

C. 逾期未退包装物押金收益　　D. 盘盈收益

三、判断题

1. 营业外收入，是小企业日常生产经营活动形成的经济利益的流入。 ( )
2. 营业外收入应当计入利润，作为小企业利润的重要组成部分。 ( )
3. 营业外收入应当与有关费用进行配比。 ( )
4. 租金收入都应记入其他业务收入。 ( )

四、业务题

【资料】凯凯公司发生以下经济业务：

1. 2024 年 1 月 18 日，收到国家退税 5 800 元。
2. 2024 年 2 月 19 日，确认本月应收环环公司的出租包装物租金 850 元。
3. 2024 年 3 月 22 日，前已作坏账损失的应收账款 2 460 元，现已经收回并存入银行。
4. 2024 年 4 月 24 日，因昌化公司违约，应收取 7 400 元的违约金。
5. 2024 年 7 月 2 日，长华公司包装物损坏，现没收其包装物押金 5 000 元。

【要求】编制上述业务的会计分录。

任务二 营业外支出的核算

一、单选题

1. 现金盘亏应记入( )账户。

A. 营业外支出　　B. 冲减营业外收入

C. 生产成本　　D. 管理费用

2. 不应确认为营业外支出的项目是( )。

A. 捐赠支出　　B. 无形资产转让损失

C. 固定资产盘亏损失　　D. 销售材料成本

3. 下列不属于营业外支出核算范围的有( )。

A. 赞助支出　　B. 广告费支出

C. 捐赠支出　　D. 罚款支出

二、多选题

1. 下列有关营业外支出表述正确的是( )。

A. 营业外支出实际上是一种纯损失

B. 营业外支出是利润的重要组成部分，因此“营业外支出”账户属于所有者权益类账户

C. 营业外支出是非日常生产经营活动形成的经济利益的净流出

D. 营业外支出不需要与有关收入进行配比

2. 下列有关“营业外支出”账户表述正确的有(　　)。

A.“营业外支出”账户属于所有者权益类账户

B.“营业外支出”账户属于损益类账户

C.“营业外支出”账户期末无余额

D.“营业外支出”账户期末借方余额表示净亏损

3. 下列损失属于营业外支出核算范围的有(　　)。

A. 存货的盘亏、毁损、报废损失

B. 坏账损失

C. 非流动资产处置净损失

D. 自然灾害等不可抗力因素造成的损失

三、判断题

1. 营业外支出和期间费用都属于损益类账户。　(　　)

2. 营业外支出作为小企业利润增加的重要组成部分。　(　　)

3. 小企业现金盘亏应记入营业外支出。　(　　)

四、业务题

【资料】山花公司发生以下经济业务：

1. 2024 年 3 月 11 日，应收华华公司货款 36 000 元，因华华公司已经停产多年，确实无法收回，转作坏账损失。

2. 2024 年 5 月 20 日，公司前借给谭浩的无息借款 23 000 元，因谭浩意外死亡，确认坏账损失。

3. 2024 年 5 月 22 日，公司因延期支付增值税，产生税收滞纳金 67 元，已通过银行扣缴。

4. 2024 年 6 月 12 日，公司因排放污水，被环保部门罚款 2 400 元。

5. 2024 年 7 月 18 日，为了打开产品销路，公司开出转账支票向某体育项目赞助支出 150 000 元。

【要求】编制上述业务会计分录。

任务三　企业所得税的核算

一、单选题

1. 小企业计提应缴的企业所得税应记入(　　)。

A. 税金及附加　　B. 营业外支出　　C. 所得税费用　　D. 管理费用

2. 年终汇算清缴应补缴企业所得税时，其正确的账务处理是(　　)。

A. 借：以前年度损益调整

　　贷：应交税费—应交企业所得税

B. 借：所得税费用

　　贷：应交税费—应交企业所得税

C. 借：税金及附加

　　贷：应交税费—应交企业所得税

D. 借：管理费用

　　贷：应交税费—应交企业所得税

3. 小企业年终汇算清缴后，收到实际退回的企业所得税，贷方应记入(　　)。

A. 营业外收入　　B. 其他业务收入

C. 所得税费用　　D. 应交税费—应交企业所得税

二、多选题

1. 计算出应交所得税，涉及的账户有(　　)。

A. 所得税费用　　B. 利润分配　　C. 本年利润　　D. 应交税费

2. 下列需要进行纳税调增的项目有(　　)。

A. 国债利息收入　　B. 业务招待费支出

C. 税收滞纳金　　D. 向金融企业借款的利息支出

三、判断题

1. 小企业全年利润总额为负数，因此，不需要缴纳企业所得税。(　　)

2. 在纳税调整增加额中，小企业业务招待费只要不超过实际发生额的 60%，就允许扣除。(　　)

3. 一般情况下，小企业在实务中，按照利润总额乘以适用税率按季预缴企业所得税。(　　)

四、业务题

【资料】华华公司企业所得税税率为 25%，发生以下经济业务：

1. 2024 年 3 月 31 日，公司利润表显示，截至 3 月末，本年累计利润总额 34 000 元，计提 1 季度应交的企业所得税。

2. 2024 年 4 月 8 日，接银行扣缴企业所得税的通知。

3. 2024 年 6 月 30 日，公司利润表显示，截至 6 月末，本年累计利润总额 52 000 元，计算 2 季度应交的企业所得税。

【要求】编制上述业务会计分录。

任务四　利润形成及分配的核算

一、单选题

1. 营业外收支构成(　　)内容。

A. 营业利润　　B. 利润总额　　C. 其他业务利润　　D. 净利润

2. 所得税费用构成(　　)内容。

A. 营业利润　　B. 利润总额　　C. 其他业务利润　　D. 净利润

3. “利润分配”和“本年利润”账户都属于(　　)账户。

A. 资产类　　B. 所有者权益类　　C. 负债类　　D. 成本类

二、多选题

1. 下列构成小企业利润的内容有(　　)。

A. 营业利润　　B. 利润总额　　C. 其他业务利润　　D. 净利润

2. 下列有关“本年利润”账户表述正确的是(　　)。

A. “本年利润”账户年末无余额，所以属于损益类账户

B. “本年利润”账户月末余额，表示今年截至本月末的净利润或净亏损

C. “本年利润”账户借方登记转入的费用

D. “本年利润”账户贷方登记转入的收入

3. “利润分配”账户年末结转后无余额的明细账户有(　　)。

A. 未分配利润　　B. 应付利润

C. 提取法定盈余公积　　D. 提取任意盈余公积

三、判断题

1. 利润是指小企业在一定会计期间的经营成果，因此，利润只表现为盈利。　(　　)

2. 本年利润 5 月末贷方余额表示 5 月实现的净利润。　(　　)

3. “盈余公积”账户用来核算小企业从净利润中提取的公积金。 (　　)

四、业务题

【资料】欢欢公司发生以下经济业务：

1. 2024 年 12 月 31 日，公司本月主营业务收入 186 000 元，其他业务收入 4 900 元，营业外收入 1 600 元，月末结转收入。

2. 2024 年 12 月 31 日，公司本月主营业务成本 114 000 元，其他业务成本 4 000 元，管理费用 23 000 元，销售费用 26 500 元，财务费用 230 元，营业外支出 2 640 元，税金及附加 890 元，月末结转费用。

3. 2024 年末，结转本年利润贷方余额 347 000 元。

4. 2024 年末，公司股东会决定，按净利润的 10%提取法定盈余公积，按 8%提取任意盈余公积。

5. 2024 年末，公司股东会决定，按净利润的 50%向股东分配利润。

6. 2024 年末，结转利润分配明细账户。

【要求】编制上述业务会计分录。

综合技能训练

一、练习坏账损失的账务处理

【资料】2024 年 7 月 20 日，时尚之源服装制造有限公司原销售给唐都服饰商贸有限公司的休闲 T 恤 200 件，每件 95 元，价税合计 21 740 元，因对方破产，确实无法收回，作坏账损失处理。

唐都服饰商贸有限公司欠款处理决定

时尚之源服装制造有限公司于2024年2月20日向唐都服饰商贸有限公司销售200件休闲T恤，每件售价95元，价税合计21 740元，因唐都服饰商贸有限公司破产，确实无法收回，作坏账损失。

时尚之源服装制造有限公司股东会

2024 年 7 月 20 日

图 1　欠款处理决定

【要求】1. 根据原始凭证填制记账凭证；

2. 登记“应收账款”“营业外支出”总分类账和明细分类账。（“应收账款”总分类账续前登记）

记　账　凭　证

年　　月　　日　　　　　　字第　　号

摘要	会计科目		借方金额											贷方金额											记账
	总账科目	明细科目	亿	千	百	十	万	千	百	十	元	角	分	亿	千	百	十	万	千	百	十	元	角	分	√
附件　张	合计																								

深圳市前通实业有限公司出品

会计主管　　记账　　出纳　　审核　　制证

图 2　记账凭证

总 分 类 账

总第　　页　分第　　页

年度　　　　会计科目及编号：

年		凭证号数		摘要	对方科目	借方											√	贷方											√	借或贷	余额											√
月	日	种类	号数			亿	千	百	十	万	千	百	十	元	角	分		亿	千	百	十	万	千	百	十	元	角	分			亿	千	百	十	万	千	百	十	元	角	分	

图 3　“营业外支出”总分类账

明 细 分 类 账

总第　　页　分第　　页

年度

_____级科目及编号 __________

_____级科目及编号 __________

年		凭证号数		摘要	对方科目	借方											√	贷方											√	借或贷	余额											√
月	日	种类	号数			亿	千	百	十	万	千	百	十	元	角	分		亿	千	百	十	万	千	百	十	元	角	分			亿	千	百	十	万	千	百	十	元	角	分	

图 4　“应收账款—唐都服饰商贸有限公司”明细分类账

科目名称 ________________ ________________________

总页	
分页	

年		凭证		摘要																																																					合计									
月	日	字	号		千	百	十	万	千	百	十	元	角	分	千	百	十	万	千	百	十	元	角	分	千	百	十	万	千	百	十	元	角	分	千	百	十	万	千	百	十	元	角	分	千	百	十	万	千	百	十	元	角	分	千	百	十	万	千	百	十	元	角	分

图 5 “营业外支出”明细分类账

二、练习月末利润形成的账务处理

【资料】2024 年 7 月 31 日，时尚之源服装制造有限公司本月损益类科目发生额如下。

损益类科目发生额

会计科目名称	借方发生额	贷方发生额
主营业务收入		（　）
主营业务成本	（　）	
其他业务收入		5 000
其他业务成本	2 000	
税金及附加	（　）	
销售费用	（　）	
管理费用	（　）	
财务费用	1 080	
投资收益		5 000
营业外收入		3 000
营业外支出	（　）	
所得税费用	6 378. 25	

图 6 损益类科目发生额

【要求】1. 根据项目六至项目十“综合技能训练”相关总账账户本月发生额将上表补充完整；

2. 填制结转损益的记账凭证；

3. 登记“主营业务收入”“主营业务成本”“税金及附加”“销售费用”“管理费用”“营业外支出”“本年利润”账户的总分类账和明细分类账。（除“本年利润”总账及明细账以外，均续前登记）

记 账 凭 证

年　　月　　日　　　　　　　　　　字第　　号

摘要	会计科目		借方金额											贷方金额											记账√
	总账科目	明细科目	亿	千	百	十	万	千	百	十	元	角	分	亿	千	百	十	万	千	百	十	元	角	分	
附件　张	合计																								

会计主管　　记账　　出纳　　审核　　制证

图 7　记账凭证

记 账 凭 证

年　　月　　日　　　　　　　　　　字第　　号

摘要	会计科目		借方金额											贷方金额											记账√
	总账科目	明细科目	亿	千	百	十	万	千	百	十	元	角	分	亿	千	百	十	万	千	百	十	元	角	分	
附件　张	合计																								

会计主管　　记账　　出纳　　审核　　制证

图 8　记账凭证

总 分 类 账

总第　　页　分第　　页

年 度　　　　　　　　会计科目及编号：

年		凭证号数		摘要	对方科目	借方											√	贷方											√	借或贷	余额											√
月	日	种类	号数			亿	千	百	十	万	千	百	十	元	角	分		亿	千	百	十	万	千	百	十	元	角	分			亿	千	百	十	万	千	百	十	元	角	分	

图 9　“本年利润”总分类账

本年利润明细账

年		凭证		摘要	借方																																				贷方																																				借或贷	余额									
月	日	种类	编号		千	百	十	万	千	百	十	元	角	分	千	百	十	万	千	百	十	元	角	分	千	百	十	万	千	百	十	元	角	分	千	百	十	万	千	百	十	元	角	分	千	百	十	万	千	百	十	元	角	分	千	百	十	万	千	百	十	元	角	分	千	百	十	万	千	百	十	元	角	分	千	百	十	万	千	百	十	元	角	分		千	百	十	万	千	百	十	元	角	分

图 10　“本年利润”明细分类账

项目测试

一、单项选择题（在题后的四个备选答案中，选出正确答案填入题干中的括号内，每小题2分，共30分）

1. 下列各项中，应计入营业外支出的是（　　）。

A. 原材料运输途中的合理损耗　　B. 自然灾害造成的材料损失

C. 出售原材料的成本　　D. 出租原材料取得的租金收入

2. 借：本年利润，贷：利润分配，这笔会计分录反映的经济业务是（　　）。

A. 分配本年实现的利润　　B. 结转全年发生的亏损

C. 结转全年实现的利润　　D. 将利润分配转入本年利润账户

3. 下列项目中不影响营业利润的是（　　）。

A. 出租办公楼取得的租金收入　　B. 销售材料取得的收入

C. 厂部报销的业务招待费　　D. 税收滞纳金

4. 下列交易或事项中，不属于营业外收入的是（　　）。

A. 现金盘盈利得　　B. 确实无法支付的应付账款

C. 接受捐赠利得　　D. 出租固定资产收益

5. 企业支付的税收滞纳金，应计入的会计科目是（　　）。

A. 营业外收入　　B. 营业外支出　　C. 管理费用　　D. 应交税费

6. 甲公司某年2月份发生下列业务：支付税务罚款2万元，确认固定资产盘亏净损失15万元，确认所得税费用20万元。假定不考虑其他因素，甲公司当月计入营业外支出的金额为（　　）万元。

A. 2　　B. 17　　C. 22　　D. 42

7. “所得税费用”科目的贷方登记（　　）。

A. 转入“本年利润”科目的所得税费用

B. 实际缴纳的所得税费用

C. 应由本企业负担的税费

D. 转入“生产成本”科目的税费

8. 企业计算应交所得税进行会计处理时，下列会计分录中正确的是（　　）。

A. 借：本年利润
　　贷：所得税费用

B. 借：所得税费用
　　贷：应交税费—应交所得税

C. 借：所得税费用
　　贷：银行存款

D. 借：管理费用
　　贷：所得税费用

9. 企业实现的净利润，按照国家的规定和投资者的决议进行合理的分配，下列各项中，首先分配的是（　　）。

A. 弥补以前年度尚未弥补的亏损　　B. 提取任意盈余公积

C. 向投资者分配利润　　D. 提取法定盈余公积

10. 下列各账户中，年末结转后可能有余额的是(　　)。

A. 营业外收入　　B. 主营业务收入

C. 营业外支出　　D. 利润分配—未分配利润

11. 发生的固定资产清理净收益应计入(　　)科目。

A. 主营业务收入　　B. 其他业务收入

C. 营业外收入　　D. 投资收益

12. 不影响企业营业利润的项目是(　　)。

A. 投资收益　　B. 其他业务成本　　C. 管理费用　　D. 所得税费用

13. 确实无法支付的应付账款，正确的账务处理是(　　)。

A. 借：应付账款
　　贷：主营业务收入

B. 借：应付账款
　　贷：其他业务收入

C. 借：应付账款
　　贷：营业外收入

D. 借：应付账款
　　贷：管理费用

14. 甲企业 2024 年度的利润总额为 4 000 万元，其中包括本年收到的国库券利息收入 80 万元，存款利息收入 40 万元，适用所得税税率 25%。该企业 2024 年应交所得税为(　　)万元。

A. 940　　B. 980　　C. 1040　　D. 1060

15. “利润分配”科目归属于(　　)。

A. 资产类　　B. 负债类

C. 所有者权益类　　D. 损益类

二、多项选择题(在题后的备选答案中，选出两个或两个以上正确答案填入题干中的括号内，每小题 3 分，共 30 分)

1. 下列属于营业外收入核算内容的项目有(　　)。

A. 违约金收益　　B. 确实无法支付的应付款项

C. 出售材料取得的收入　　D. 财产物资盘盈收益

2. 应于期末将发生额结转“本年利润”科目的有(　　)。

A. 管理费用　　B. 制造费用　　C. 销售费用　　D. 财务费用

3. 企业实现的利润总额包括(　　)。

A. 营业利润　　B. 投资收益

C. 营业外收入　　D. 营业外支出

4. 关于“利润分配—未分配利润”账户的表述，正确的有(　　)。

A. 期末余额表示本年净利润减去分配的利润

B. 期末贷方余额表示累计未分配利润

C. 期末借方余额表示本年超额分配的利润

D. 期末借方余额表示累计未弥补亏损

5. 下列各项中，属于营业外支出的有(　　)。

A. 固定资产毁损报废净损失　　B. 经营出租设备的折旧费

C. 向灾区捐赠商品的成本　　D. 火灾导致材料毁损的净损失

6. 下列各项中，不影响企业营业利润的有(　　)。

A. 发生的业务招待费　　B. 处置无形资产取得的净收益

C. 印花税　　D. 应交增值税

7. 净利润主要是由(　　)构成。

A. 主营业务收入　　B. 营业利润

C. 利润总额　　D. 所得税费用

8. 下列账户中，能与“利润分配”账户产生对应关系的是(　　)。

A. 盈余公积　　B. 本年利润　　C. 应付利润　　D. 应交税费

9. 计算企业营业利润时，应考虑的项目有(　　)。

A. 管理费用　　B. 主营业务收入

C. 税金及附加　　D. 制造费用

10. “所得税费用”账户的描述中，正确的有(　　)。

A. 借方登记转入“本年利润”账户的所得税

B. 贷方登记转入“本年利润”账户的所得税

C. 借方登记由企业负担的所得税

D. 贷方登记实际缴纳的所得税

三、判断题(判断下列各题，正确的请打“√”，错误的请打“×”，每小题1分，共10分)

1. “本年利润”账户属于损益类账户，贷方登记转入的收入数，借方登记转入的费用数。(　　)

2. 弥补以前年度亏损，不需要进行账务处理。(　　)

3. 应付利润属于非流动负债。(　　)

4. “税金及附加”账户在期末结转时，借记“税金及附加”科目，贷记“本年利润”科目。(　　)

5. 公司应交所得税是根据利润总额按规定税率计算求得的。(　　)

6. 年终转账后“利润分配”总账的余额即是其所属明细账户“未分配利润”的余额。(　　)

7. 销售商品取得的收入均属于“主营业务收入”，提供劳务取得的收入则属于“营业外收入”。(　　)

8. “盈余公积”账户属于所有者权益类账户，该账户借方登记提取的盈余公积，贷方登记实际使用的盈余公积。(　　)

9. 营业外收支不影响营业利润。 (　　)

10. 企业确实无法支付的应付账款应确认为"营业外支出"。 (　　)

四、业务题(按要求完成下列各题，第1、2题每题5分，第3题每小题2分，共30分)

1.【资料】和平公司属于小企业，2024年6月，本月主营业务收入289 000元，主营业务成本198 000元，税金及附加1 040元，销售费用13 500元，管理费用16 300元，财务费用120元，其他业务收入23 800元，其他业务成本20 000元，营业外收入2 400元，营业外支出3 600元，所得税费用2 300元。

【要求】计算2024年6月的营业利润、利润总额、净利润。

2.【资料】金华公司属于小企业，截至2024年6月末，1—6月累计利润总额237 500元，1季度已经预缴企业所得税13 600元，公司企业所得税税率25%。

【要求】计算2024年6月末应预缴的企业所得税。

3.【资料】千门实业公司为小企业，2024年12月发生以下经济业务：

(1) 收到利华公司因违约缴纳的罚款收入2 000元，存入银行。

(2) 以银行存款向灾区捐款35 000元。

(3) 结转确实无法支付给大同公司的货款3 850元。

(4) 企业出租包装物取得租金收入1 200元，款已收存银行(不考虑增值税)。

(5) 本月收支账户净发生额如下：主营业务收入550 000元，其他业务收入9 000元，营业外收入3 000元，主营业务成本328 000元，其他业务成本4 400元，销售费用14 500元，管理费用22 500元，财务费用3 000元，税金及附加3 200元。结转当月损益类账户。

（6）按照利润总额的25%计算并结转所得税费用。

（7）年终将全年净利润568 000元转入利润分配账户。

（8）按照全年净利润的10%提取法定盈余公积，按照5%提取任意盈余公积。

（9）按照净利润的40%向投资者分配利润。

（10）将利润分配各明细账发生额进行结转。

【要求】写出上述业务会计分录。

项目十一　对　账

知识梳理

一、账证核对与错账更正

1. 对账概述

对账主要包括账证核对、账账核对、账实核对。

2. 账证核对

账证核对就是核对会计账簿记录与会计凭证记录的时间、凭证字号、内容、金额是否一致，记账方向是否相符。

3. 错账更正

(1) 查找错账方法

账簿登记通常发生的错误有串户、反方、错位、写错、倒码等。查找错账的方法包括差数法、尾数法、除 2 法、除 9 法等。

(2) 错账更正方法

一旦账簿记录发生错误，应根据具体情况按规定的更正方法更正，严禁刮擦、挖补、涂改或用化学药物褪色。

① 划线更正法。

划线更正法适用于记账凭证正确，但在登记账簿时笔误或计算错误，造成账簿上文字错误或数字错误。

② 红字冲销法。

红字冲销法适用于记账后，经核对发现原记账凭证中的会计科目、借贷方向、记账金额错误，而导致账簿记录错误。

③ 补充登记法。

补充登记法适用记账后，经核对发现原记账凭证中所记金额小于应记的金额，而导致账簿记录错误。

二、账账核对与试算平衡

1. 账账核对概述

账账核对包括：①核对总分类账簿数据是否准确。②核对总分类账簿与其所属明细分类账簿之间数据是否相符。③核对总分类账簿与日记账之间数据是否相符。④核对财务部门财产物资明细账与保管部门财产物资明细账之间数据是否相符。

2. 试算平衡

（1）发生额平衡

其计算公式如下：

全部账户的借方发生额合计数=全部账户的贷方发生额合计数

（2）余额平衡

其计算公式如下：

全部账户的期初借方余额合计数=全部账户的期初贷方余额合计数

全部账户的期末借方余额合计数=全部账户的期末贷方余额合计数

三、账实核对与财产清查

1. 账实核对概述

账实核对是核对会计账簿记录与各项财产物资实有数额是否相符，这通常通过定期或不定期的财产清查来完成。

2. 财产清查

（1）财产清查概述

财产清查就是通过对现金、原材料、固定资产等财产物资的实地盘点和对银行存款、应收、应付等往来款项的核对查询来确定其在一定时点的实际结存数与账面结存数是否相符的一种专门的会计核算方法。

（2）财产清查的种类

按清查的对象和范围不同，可以分为全面清查和局部清查。

按清查的时间不同。可以分为定期清查和不定期清查。

3. 清查结果的处理

（1）库存现金的清查

① 清查方法。

库存现金的清查采用实地盘点法。

② 账务处理。

发现现金盘盈： 借：库存现金 　　贷：待处理财产损溢	处理盘盈： 借：待处理财产损溢 　　贷：营业外收入/其他应付款

续表

发现现金盘亏： 借：待处理财产损溢 　　贷：库存现金	处理盘亏： 借：其他应收款/管理费用 　　贷：待处理财产损溢

（2）银行存款的清查

① 清查方法。

银行存款的清查主要采用核对的方法。

② 未达账项四种情形：

企业已收，银行未收的账项；企业已付，银行未付的账项；

银行已收，企业未收的账项；银行已付，企业未付的账项。

③ 清查结果的处理。

若是未达账项引起的，应编制"银行存款余额调节表"，以查明银行存款余额的真实数字，掌握企业可动用的银行存款实际数额。银行存款余额调节表的主要作用是核对账目，确保企业和银行的记录一致。该表不能作为调整银行存款账面余额的依据，也不属于原始凭证。

（3）存货的清查

① 清查方法：存货的清查可以采用实地盘点法和技术推算盘点法。

② 财产物资盘存制度。

③ 清查结果的处理。

发现存货盘盈： 借：原材料/库存商品 　　贷：待处理财产损溢	处理盘盈： 借：待处理财产损溢 　　贷：营业外收入
发现现金盘亏： 借：待处理财产损溢 　　贷：原材料/库存商品	处理盘亏： 借：其他应收款/营业外支出 　　贷：待处理财产损溢

同步练习

任务一　账证核对与错账更正

一、单选题

1. 会计人员在审核记账凭证时，发现误将 5 000 元写成 500 元，尚未入账，应当采用(　　)。

A. 重新填制　　B. 红字更正法

C. 补充登记法　　D. 冲销法

2. 记账后，发现记账凭证上应借、应贷的会计科目并无错误，但所填金额有错，致使账簿记录错误，正确的更正方法是(　　)。

A. 若所填金额大于应填金额，则应采用红字更正法

B. 若所填金额小于应填金额，则应采用红线更正法

C. 若所填金额大于应填金额，则应采用补充登记法

D. 若所填金额小于应填金额，则应采用划线更正法

3. (　　)是指对于发生的差错只查找末位数，以提高查错效率的方法。

A. 差数法　　B. 尾数法　　C. 除 2 法　　D. 除 9 法

4. 将数字写小、将数字写大或邻数颠倒应使用的错账查找方法为(　　)。

A. 差数法　　B. 尾数法　　C. 除 2 法　　D. 除 9 法

二、多选题

1. 除 9 法适用于以下哪种情况？(　　)

A. 将数字写小　　B. 将数字写大

C. 漏记了一方　　D. 邻数颠倒

2. 关于划线更正法，表述正确的是(　　)。

A. 更正时，可在错误的文字或数字上划一条红线

B. 在红线上方填写正确的文字或数字，由记账及相关人员在更正处盖章

C. 对于错误的数字，可只更正其中的错误数字

D. 对于文字错误，可只划去错误的部分

3. 下列各项中，属于错账查找方法的有(　　)。

A. 差数法　　B. 尾数法　　C. 除 2 法　　D. 除 9 法

4. 下列各种工作的错误，应当用红字更正法予以更正的有(　　)。

A. 在账簿中将 2 500 元误记为 2 550 元，记账凭证正确无误

B. 在填制记账凭证时，误将“应收账款”科目填为“其他应收款”，并已登记入账

C. 在填制记账凭证时，误将 3 000 元填作 300 元，尚未入账

D. 记账凭证中的借贷方向用错，并已入账

三、判断题

1. 记账凭证上应借、应贷的会计科目并无错误，只是金额填写错误，从而导致账簿记录错误，可采用划线更正法予以更正。(　　)

2. 发现以前年度记账凭证是错误的，应当用红字填制一张更正的记账凭证。(　　)

3. 在结账前后，如果发现账簿记录有错误而记账凭证无错误，即纯属记账时文字或数

字的笔误，可采用划线更正法予以更正。 (　　)

4. 差数法是指按照错账的差数查找错账的方法。 (　　)

任务二　账账核对与试算平衡

一、单选题

1. 下列各项中，不属于账账核对的是(　　)。

A. 有关债权债务明细账账面余额与对方单位的账面记录的核对

B. 总分类账簿与序时账簿的核对

C. 明细分类账簿之间的核对

D. 总分类账簿与所属明细分类账簿的核对

2. 下列关于试算平衡的说法中，不正确的是(　　)。

A. 余额试算平衡依据的是资产与权益的恒等关系

B. 如果试算平衡，说明总分类账的登记一定是正确的

C. 发生额试算平衡依据的是借贷记账法的记账规则

D. 试算平衡包括发生额试算平衡和余额试算平衡

3. 能够通过试算平衡查找的错误是(　　)。

A. 重复登记某项经济业务　　B. 漏记某项经济业务

C. 应借应贷账户的借贷方向颠倒　　D. 应借应贷账户的借贷金额不符

二、多选题

1. 在下列有关账项核对中，属于账账核对的内容是(　　)。

A. 银行存款日记账余额与银行对账单余额的核对

B. 银行存款日记账余额与其总账余额的核对

C. 总账账户借方发生额合计与其明细账借方发生额合计的核对

D. 总账账户贷方余额合计与其明细账贷方余额合计的核对

2. 关于借贷记账法的试算平衡，下列表述中正确的有(　　)。

A. 试算平衡包括发生额试算平衡法和余额试算平衡法两种

B. 编制试算平衡表时，必须保证所有账户的余额或发生额均列入试算平衡表内

C. 试算平衡表借贷不相等，肯定账户记录有错误

D. 试算平衡表是平衡的，并不能肯定账户记录绝对正确

3. 下列错误中，可以通过试算平衡表判断发生了记账差错的有(　　)。

A. 将应借应贷的方向记反了

B. 借贷方填入的金额不相等

C. 漏记了某一项经济业务

D. 登记账簿时登记了会计分录中的贷方发生额，漏记了其借方发生额

4. 关于余额试算平衡表，下列表述中不正确的是(　　)。

A. 全部账户的期初余额合计等于全部账户的期末余额合计

B. 全部账户的借方期初余额合计等于全部账户的贷方期初余额合计

C. 全部账户的借方发生额合计等于全部账户的贷方发生额合计

D. 全部账户的借方期末余额合计等于全部账户的贷方期末余额合计

三、判断题

1. 账账核对是指核对不同会计账簿之间的账簿记录是否相符。(　　)

2. 试算平衡是通过编制试算平衡表进行的，试算平衡表通常是在期末结出各账户的本期发生额合计和期末余额后编制的。(　　)

3. 试算平衡表试算结果平衡，则表明账簿记录正确。(　　)

4. 余额试算平衡的理论依据是“有借必有贷，借贷必相等”。(　　)

任务三　账实核对与财产清查

一、单选题

1. 对于大量成堆、难以清点的财产物资，应采用的清查方法是(　　)。

A. 实地盘点　　B. 抽样盘点

C. 查询核对　　D. 技术推算盘点

2.“待处理财产损溢”账户期末(　　)。

A. 余额在借方　　B. 余额在贷方

C. 一般没有余额　　D. 可能在借方也可能在贷方

3. 对财产清查结果进行账务处理的主要目的是使(　　)。

A. 账实相符　　B. 账证相符　　C. 账账相符　　D. 账表相符

4. 在财产清查中填制的“实存账存对比表”是(　　)。

A. 调整账面记录的原始凭证　　B. 调整账面记录的记账凭证

C. 登记总分类账的直接依据　　D. 登记日记账的直接依据

5. 企业在遭受自然灾害后，对其受损的财产物资进行的清查属于(　　)。

A. 局部清查和定期清查　　B. 全面清查和定期清查

C. 局部清查和不定期清查　　D. 全面清查和不定期清查

二、多选题

1. 财产清查按清查的时间不同，可以分为(　　)。

A. 不定期清查　　B. 定期清查

C. 局部清查　　D. 全面清查

2. 实施不定期清查主要是在(　　)进行的。

A. 财产物资经营人员(出纳员、仓库保管员)发生变动时

B. 实物物资遭受自然灾害或贪污盗窃时

C. 国家有关部门进行会计检查时

D. 单位兼并、破产、改制和改变隶属关系时

3. 现金清查结果的处理，下列正确的是(　　)。

A. 无法查明原因的现金溢余，计入营业外收入

B. 应由责任人赔偿或保险公司赔偿的现金短缺，计入其他应收款

C. 应支付给有关人员或单位的现金溢余，计入其他应付款

D. 无法查明原因的现金短缺，计入管理费用

4. 财产清查的方法主要有(　　)。

A. 实地盘点法　　B. 核对法

C. 调查法　　D. 技术推算盘点法

5. 银行对账单与企业银行存款日记账不一致的原因可能是(　　)。

A. 未达账项　　B. 银行记账错误

C. 企业记账错误　　D. 双方记账错误

三、判断题

1. 进行现金和存货清查时，出纳人员和实物保管人员不得在场。　(　　)

2. “银行存款余额调节表”编制完成后，可以作为调整企业银行存款余额的原始凭证。　(　　)

3. 原材料盘盈核实后，应从“待处理财产损溢”科目转入“营业外收入”。　(　　)

4. 未达账项是指企业尚未记账的账项。　(　　)

5. 不定期清查可以是全面清查，也可以是局部清查。　(　　)

四、业务题

1. 甲公司 2024 年 3 月 31 日银行存款日记账的账面余额为 54 000 元，银行转来对账单余额为 83 000 元。经逐笔核对，发现以下未达账项：

（1）企业送存转账支票 60 000 元，并已登记银行存款增加，但银行尚未记账。

（2）企业开出转账支票 45 000 元，但持票单位尚未到银行办理转账，银行尚未记账。

（3）企业委托银行代收某公司购货款 48 000 元，银行已收妥并登记入账，但企业尚未收到收款通知，尚未记账。

（4）银行代企业支付电话费 4 000 元，银行已登记企业银行存款减少，但企业尚未收到付款通知，尚未记账。

要求：根据上述资料，编制“银行存款余额调节表”。

银行存款余额调节表

年　　月　　日

项目	金额	项目	金额
企业日记账余额		银行对账单余额	
加： 银行已收，企业未收		加： 企业已收，银行未收	
减： 银行已付，企业未付		减： 企业已付，银行未付	
调节后余额		调节后余额	

编制：　　　　　　　　　　　　　　审核：

2. 前程公司本月发生以下经济业务：

（1）5 日，企业进行现金盘点时，发现现金溢余 1 000 元。

（2）6 日，经查和批准，盘盈现金中有 600 元属于该付给报销人员刘文的，还有 400 元无法查明原因，计入利得。

（3）12 日，企业进行现金盘点时，发现现金短缺 350 元。

（4）13 日，经企业查明，该笔短缺主要是出纳员失职所致，由其进行赔偿。

（5）30 日，企业对存货进行清查，发现甲材料盘盈 500 元，B 产品盘亏 2 500 元。

（6）30 日，经查，盘盈甲材料属于计量误差所致，直接计入当期损益。盘亏的 B 产品是被盗所致，由保险公司赔偿 1 000 元，剩余损失由企业自行承担。

要求：编制上述经济业务的会计分录。

综合技能训练

一、练习错账更正的核算

时尚之源服装制造有限公司进行以下账务处理：

1.【资料】2024 年 8 月 22 日，管理人员报销差旅费 1 300 元，出纳审核后，支付其现金。会计进行了如下账务处理。

（1）填制记账凭证如下：

记　账　凭　证

2024 年 8 月 22 日　　　　字第 5 号

摘要	会计科目 总账科目	会计科目 明细科目	借方金额	贷方金额	记账√
报销差旅费	管理费用	差旅费	130000		
	库存现金			130000	
附件 2 张	合计		¥130000	¥130000	

会计主管 吴一杰　记账 丁千　出纳 刘芳　审核 吴一杰　制证 丁千

深圳市前进实业有限公司出品

图 1　记账凭证

（2）登记“管理费用”总账如下：

总 分 类 账

总第 200 页　分第 95 页

2024 年 度　　　　会计科目及编号：管理费用

2024 年 月	日	凭证号数 种类	号数	摘要	对方科目	借方	√	贷方	√	借或贷	余额	√
3				……								
7				……								
8	03	记	1	支付办公费		32000				借	32000	
8	20	记	2	报销办公费		123000				借	155000	
8	22	记	5	报销差旅费		310000				借	465000	

图 2　“管理费用”总分类账

【要求】①判断错账类型，选择更正方法；

②进行错账更正（在图 2 中更正）。

2.【资料】2024 年 8 月 22 日，支付曹正楠借款 5 000 元，出纳审核后，支付现金。会计进行账务处理如下。

（1）填制记账凭证如下：

记 账 凭 证

2024 年 8 月 26 日　　　　字第 8 号

摘要	总账科目	明细科目	借方金额	贷方金额	记账√
支付曹正楠借款	其他应收款	曹正楠	600000		
	库存现金			600000	
附件 1 张	合计		¥600000	¥600000	

深圳市前通实业有限公司出品

会计主管 吴一杰　记账 丁千　出纳 刘芳　审核 吴一杰　制证 丁千

图 3　记账凭证

（2）登记“其他应收款”总分类账：

总 分 类 账

总第 200 页　分第 35 页

2024 年 度　　　　会计科目及编号：其他应收款

2024年 月	日	凭证号数 种类	号数	摘要	对方科目	借方	√	贷方	√	借或贷	余额	√
3				……								
7				……								
8	26	记	8	支付曹正楠借款		600000				借	600000	

图 4　“其他应收款”总分类账

（3）登记“库存现金”总分类账：

总 分 类 账

总第 200 页　分第 15 页

2024 年 度　　　　会计科目及编号：库存现金

2024年 月	日	凭证号数 种类	号数	摘要	对方科目	借方	√	贷方	√	借或贷	余额	√
1				……								
3				……								
7										借	1500000	
8	3		1	支付办公费				32000			1468000	
8	20		2	支付办公费				123000			1345000	
8	22		5	报销差旅费				130000			1215000	
8	26		8	支付曹正楠借款				600000			615000	

图 5　“库存现金”总分类账

【要求】①判断错账类型，选择更正方法；

②进行错账更正。

第一步：红字编制冲减的记账凭证。

记　账　凭　证

年　月　日　　　　字第　号

摘要	会计科目		借方金额											贷方金额											记账
	总账科目	明细科目	亿	千	百	十	万	千	百	十	元	角	分	亿	千	百	十	万	千	百	十	元	角	分	√
附件　张	合　计																								

深圳市前通实业有限公司出品

会计主管　　记账　　出纳　　审核　　制证

图 6　记账凭证

第二步：红字更正账簿(在图 4、图 5 中更正)。

二、练习银行存款余额调节表的编制

【资料】时尚之源服装制造有限公司 2024 年 9 月的银行存款日记账和银行对账单资料如下。

工商银行对账单

户名：时尚之源服装制造有限公司　　账号：6222555333449845826　　币种：人民币

日期	交易类型	凭证种类	摘要	借方发生额	贷方发生额	余额
2024-09-03	转账		货款	24 000.00	0.00	24 000.00
2024-09-09	汇划	资金汇划补充凭证	实时清算	0.00	80 000.00	104 000.00
2024-09-10	转账		代理国库税收收缴	12 500.00	0.00	91 500.00
2024-09-10	现金类交易	现金支票		34 000.00	0.00	57 500.00
2024-09-10	转账		货款	0.00	280 800.00	338 300.00
202409-10	转账		代理国库税收收缴	1 500.00	0.00	336 800.00
2024-09-23	转账		利息	0.00	65.50	336 865.50
2024-09-25	转账			8.00	0.00	336 857.50
2024-09-27	转账		材料款	0.00	3 800.00	340 657.50
2024-09-27	转账			0.50	0.00	340 657.00
2024-09-28	转账		货款	78 000.00	0.00	262 657.00
2024-09-28	转账		运费	555.00	0.00	262 102.00
2024-09-29	转账		运费	3 330.00	0.00	258 772.00

图 7　银行对账单

银行存款日记账

2024		凭证号数	摘要	借方	贷方	方向	余额
月	日						
9	1	记×	期初余额			借	48 000. 00
9	3	记×	付货款		24 000. 00	借	24 000. 00
9	9	记×	收货款	80 000. 00		借	104 000. 00
9	10	记×	取现		34 000. 00	借	70 000. 00
9	10	记×	付税款		12 500. 00	借	57 500. 00
9	10	记×	收货款	280 800. 00		借	338 300. 00
9	10	记×	付税款		1 500. 00	借	336 800. 00
9	24	记×	利息收入	65. 50		借	336 865. 50
9	27	记×	支付手续费		8. 00	借	336 857. 50
9	27	记×	支付手续费		0. 50	借	336 857. 00
9	29	记×	收货款	3 800. 00		借	340 657. 00
9	30	记×	付运费		555. 00	借	340 102. 00
9	30	记×	付货款		187 000. 00	借	153 102. 00
9	30	记×	当前合计	364 665. 50	259 563. 50	借	153 102. 00
9	30	记×	当前累计	654 050. 50	788 200. 64	借	153 102. 00

图 8　银行存款日记账

【要求】根据资料编制银行存款余额调节表。

银行存款余额调节表

年　　月　　日

项目	金额	项目	金额
企业日记账余额		银行对账单余额	
加：银行已收，企业未收		加：企业已收，银行未收	
减：银行已付，企业未付		减：企业已付，银行未付	
调节后余额		调节后余额	

编制：　　　　　　　　　　　　审核：

图 9　银行存款余额调节表

三、练习存货清查的业务处理

【资料】2024 年 9 月 30 日，时尚之源服装制造有限公司针对库存商品明细账和库管账之间在核对中的差异，启动了库存商品的财产清查，清查结果如下：

存货盘点报告表

公司名称：时尚之源服装制造有限公司　　　　2024年9月30日

产品名称	规格型号	单位	单位成本	实存		账存		盘亏		盘盈	
				数量	金额	数量	金额	数量	金额	数量	金额
休闲T恤		件		780		780					
休闲裤				895		900		5			

清查人：吴一杰　　　　库管：王雅南　　　　会计：丁干

图 10　存货盘点报告表

【要求】1. 填写产品盘盈盘亏成本计算表；

2. 根据原始凭证填制记账凭证；

3. 登记“待处理财产损溢”“库存商品”总分类账和明细分类账。

产品盘盈盘亏成本计算表

公司名称：　　　　年　月　日　　　　单位：元

产品名称	规格型号	单位	单位成本	盘亏		盘盈	
				数量	金额	数量	金额

财务主管：　　　　会计：

图 11　产品盘盈盘亏成本计算表

记　账　凭　证

年　月　日　　　　字第　号

摘要	会计科目		借方金额											贷方金额											记账
	总账科目	明细科目	亿	千	百	十	万	千	百	十	元	角	分	亿	千	百	十	万	千	百	十	元	角	分	√
附件　张	合　计																								

深圳市前通实业有限公司出品

会计主管　　记账　　出纳　　审核　　制证

图 12　记账凭证

总 分 类 账

总第　　页　分第　　页

年 度　　　　会计科目及编号:

年		凭证号数		摘要	对方科目	借方											√	贷方											√	借或贷	余额											√
月	日	种类	号数			亿	千	百	十	万	千	百	十	元	角	分		亿	千	百	十	万	千	百	十	元	角	分			亿	千	百	十	万	千	百	十	元	角	分	

图 13　“待处理财产损溢”总分类账

总 分 类 账

总第　　页　分第　　页

年 度　　　　会计科目及编号:

年		凭证号数		摘要	对方科目	借方											√	贷方											√	借或贷	余额											√
月	日	种类	号数			亿	千	百	十	万	千	百	十	元	角	分		亿	千	百	十	万	千	百	十	元	角	分			亿	千	百	十	万	千	百	十	元	角	分	

图 14　“库存商品”总分类账

明 细 分 类 账

总第　　页　分第　　页

____级科目及编号 ____________

年度

____级科目及编号 ____________

年		凭证号数		摘要	对方科目	借方											√	贷方											√	借或贷	余额											√
月	日	种类	号数			亿	千	百	十	万	千	百	十	元	角	分		亿	千	百	十	万	千	百	十	元	角	分			亿	千	百	十	万	千	百	十	元	角	分	

图 15　“待处理财产损溢”明细分类账

最高储存量 ______

最低储存量 ______

明 细 分 类 账

本账页数	
本户页数	

编号 __________ 规格 __________　　单位 __________ 名称 __________

年		凭 证		摘　要	收　入（借　方）											发　出（贷　方）											借或贷	余　额（结　存）										
月	日	种类	号数		数量	单价	百	十	万	千	百	十	元	角	分	数量	单价	百	十	万	千	百	十	元	角	分		数量	单价	百	十	万	千	百	十	元	角	分

图 16　“库存商品”明细分类账

项目测试

一、**单项选择题**(在题后的四个备选答案中，选出正确答案填入题干中的括号内，每小题 2 分，共 30 分)

1. 记账后，发现会计凭证正确，账簿记录的文字或数字错误，则采用的错账更正的方法是(　　)。

A. 划线更正法　　B. 挖补法

C. 红字更正法　　D. 补充登记法

2. 记账后，发现会计凭证正确，只账簿记录的方向错误，则采用的错账更正方法是(　　)。

A. 技术处理法　　B. 划线更正法

C. 红字更正法　　D. 补充登记法

3. 记账后，发现会计凭证科目错误，导致账簿记录的科目错误，则采用的错账更正方法是(　　)。

A. 技术处理法　　B. 划线更正法

C. 红字更正法　　D. 补充登记法

4. 发生额试算平衡的理论依据是(　　)。

A. 有借必有贷，借贷必相等　　B. 资产=负债+所有者权益

C. 账户结构　　D. 收入-费用=利润

5. 余额试算平衡的理论依据是(　　)。

A. 有借必有贷，借贷必相等　　B. 资产=负债+所有者权益

C. 账户结构　　D. 收入-费用=利润

6. 试算平衡表用以核对(　　)。

A. 总分类账簿与其所属明细分类账簿

B. 总分类账簿与日记账

C. 总分类账簿

D. 财务部门财产物资明细账与保管部门财产物资明细账

7. 记账凭证科目、方向正确，只是金额少记，导致账簿记录的金额也少记，则应采用的错账更正方法是(　　)。

A. 技术处理法　　B. 划线更正法

C. 红字更正法　　D. 补充登记法

8. 下列宜采用局部清查的是(　　)。

A. 财产物资经营人员发生变动　　B. 企业破产

C. 企业被兼并　　D. 企业改制

9. 下列能通过试算平衡查找的错误是(　　)。

A. 漏记　　B. 重记

C. 借贷方向颠倒　　D. 借贷金额不等

10. 下列账务处理能通过试算平衡发现错误的是(　　)。

A. 开出转账支票偿还欠款 6 800 元

借：应付账款 6 800

　　贷：银行存款 6 800

B. 开出银行承兑汇票偿还欠款 40 000 元

借：应付账款 40 000

　　贷：银行存款 40 000

C. 用现金购买办公用品 690 元

借：管理费用—办公费 690

　　贷：库存现金 690

D. 把现金收入 4 600 元存入银行

借：库存现金 4 600

　　贷：银行存款 4 600

11. 登记现金日记账时，误将 24 500 元，登记成了 25 400 元，应采用(　　)更正。

A. 蓝字更正法　　B. 划线更正法　　C. 红字更正法　　D. 补充登记法

12. 银行已扣税款，企业尚未收到扣款通知，还未登记银行存款减少，属于(　　)。

A. 企业已收，银行未收的账项　　B. 企业已付，银行未付的账项

C. 银行已收，企业未收的账项　　D. 银行已付，企业未付的账项

13. 材料因收发计量盘盈，经批准，应计入(　　)。

A. 营业外支出　　B. 营业外收入　　C. 生产成本　　D. 本年利润

14. 在记账无误的情况下导致账实不符的是(　　)。

A. 应付账款　　B. 应收账款　　C. 未达账项　　D. 外埠存款

15. 银行存款的清查方法是(　　)。

A. 日记账与总分类账核对　　B. 日记账与收付款凭证核对

C. 日记账和对账单核对　　D. 总分类账和收付款凭证核对

二、多项选择题(在题后的备选答案中，选出两个或两个以上正确答案填入题干中的括号内，每小题 3 分，共 30 分)

1. 对账主要包括(　　)。

A. 账证核对　　B. 账账核对　　C. 账实核对　　D. 证证核对

2. 更正错账的方法主要有(　　)。

A. 划线更正法　　B. 挖补法　　C. 红字冲账法　　D. 补充登记法

3. 单位更换主要负责人时，需要进行(　　)。

A. 不定期清查　　B. 定期清查　　C. 局部清查　　D. 全面清查

4. 账账核对包括(　　)。

A. 核对总分类账簿数据是否准确

B. 核对总分类账簿与其所属明细分类账簿之间数据是否相符

C. 核对总分类账簿与日记账之间数据是否相符

D. 核对财务部门财产物资明细账与保管部门财产物资明细账之间数据是否相符

5. 试算平衡表不能检查的错误有(　　)。

A. 漏记　　B. 重记

C. 会计科目借贷相反　　D. 借贷错误巧合，正好抵消

6. 账实核对主要内容有(　　)。

A. 现金日记账的账面余额与库存现金的实际数额核对

B. 银行存款日记账的账面余额与银行对账单余额核对

C. 财产物资明细账账面余额与实际数量核对

D. 各种应收、应付款项明细账账面余额与债权债务单位或个人核对

7. 财产清查按清查的对象和范围不同，可以分为(　　)。

A. 不定期清查　　B. 定期清查　　C. 局部清查　　D. 全面清查

8. 下列需要实施全面清查的有(　　)。

A. 单位合并　　B. 现金实地盘点

C. 单位改制　　D. 财产经管人员变动

9. 下列有关“待处理财产损溢”账户表述正确的是(　　)。

A. “待处理财产损溢”账户期末无余额，所以属于损溢类账户

B. “待处理财产损溢”账户属于资产类

C. “待处理财产损溢”账户核算财产物资的盘盈和盘亏

D. “待处理财产损溢”账户期末无余额

10. 下列属于银行未达账项的有(　　)。

A. 企业收到转账支票，填写进账单后，企业已记增加，银行未入账

B. 企业根据支票存根已记减少，银行未入账

C. 银行已经收到汇款，而企业尚未取得银行的收款通知，未入账

D. 企业委托银行代扣的款项，银行已付，而企业尚未取得银行的付款通知，未入账

三、判断题(判断下列各题，正确的请打“√”，错误的请打“×”，每小题1分，共10分)

1. 账证核对就是核对账簿记录与记账凭证。(　　)

2. 一旦账簿记录发生错误，应根据具体情况按规定的更正方法更正，严禁刮擦、挖补、涂改或用化学药物褪色。(　　)

3. 采用划线更正法更正数字时可以只针对错误数字进行局部更正。(　　)

4. 补充登记法适用于记账凭证会计科目和方向正确、金额错误，从而导致账簿记录的

金额错误。 ( )

5. 总分类账簿数据是否准确，可以通过定期编制试算平衡表进行检查。 ( )

6. 财产清查主要用于账实核对。 ( )

7. 定期清查可以是全面清查，也可以是局部清查。 ( )

8. 清点库存现金发现短缺时，如有“白条”可以抵库。 ( )

9. 银行存款余额调节表作为其登记日记账的依据。 ( )

10. 实地盘存制下，账簿记录既登记收入，又登记发出，并随时结出账面结存数额。 ( )

四、业务题（按要求完成下列各题，第 1 题共 10 分，第 2 题每个会计分录 2 分，共 20 分）

1.【资料 1】3 月份，华华公司各账户期初余额如下。

账户名称	借方余额	账户名称	贷方余额
库存现金	66 000	累计折旧	160 000
银行存款	200 000	短期借款	210 000
应收账款	339 000	实收资本	680 000
原材料	90 000	盈余公积	40 000
固定资产	400 000	利润分配	5 000
合　计	1 095 000	合　计	1 095 000

【资料 2】3 月份，华华公司发生经济业务如下：

（1）收到光华公司投资 50 000 元，存入银行。

（2）从银行提取现金 8 000 元。

（3）用存款买材料 100 000 元，用现金支付运费 200 元，材料入库。

（4）以银行存款归还短期借款 50 000 元。

（5）生产产品领用材料 150 000 元

【要求】请根据要求将资料 2 编制会计分录，根据资料 1 及资料 2 的分录，登记“T”型账户，并编制本月试算平衡表。

试算平衡表　　单位：元

会计科目	期初余额		本期发生额		期末余额	
	借方	贷方	借方	贷方	借方	贷方

续表

会计科目	期初余额		本期发生额		期末余额	
	借方	贷方	借方	贷方	借方	贷方
合计						

2.【资料】华华公司为小企业，2024 年发生以下经济业务：

（1）2024 年 2 月 15 日，公司对库存现金进行临时清查，现金日记账账面余额 3 678.2 元，实际盘存金额 3 690.3 元，盘盈现金 12.1 元，原因待查。

（2）2024 年 2 月 15 日，盘盈现金系找零导致，经批准转作营业外收入。

（3）2024 年 3 月 25 日，公司对现金进行清查，现金日记账账面余额 13 434.7 元，实际盘存金额 13 416.5 元，盘亏现金 18.2 元，原因待查。

（4）2024 年 3 月 25 日，盘亏现金 18.2 元系找零导致，经批准转作损益。

（5）2024 年 6 月 30 日，公司对材料进行局部清查，盘盈甲材料 25 千克，单位成本 92 元；盘亏乙材料 40 千克，单位成本 88.5 元，3 540 元，原因待查。

（6）2024 年 6 月 30 日，公司对盘盈材料转作营业外收入，盘亏材料转作营业外支出。

（7）2024 年 7 月 29 日，公司对产品进行局部清查，发现盘盈 A 产品 18 件，单位成本 130 元，原因待查。

（8）2024 年 7 月 30 日，经公司领导批准，将盘盈的产品转作当期收益。

（9）2024 年 9 月 15 日，在一次临时抽查中，发现盘亏 B 产品 6 件，单位成本 124 元，原因待查。

（10）2024 年 9 月 17 日，经查，发现盘亏的产品系管理不善导致，公司决定由管理员赔偿 50%损失，其余部分由企业自行承担。

【要求】编制上述业务的会计分录。

项目十二　财务报表

知识梳理

一、财务报表概述

1. 财务报表概念

财务报表，是指对小企业财务状况、经营成果和现金流量的结构性表述。小企业的财务报表至少应当包括资产负债表、利润表、现金流量表和附注。

2. 财务报表作用

① 财务报表为内部管理者进行日常经营管理提供依据。

② 财务报表为投资者作出投资决策提供依据。

③ 财务报表为债权人观察企业资金运转情况、判断企业偿债能力提供依据。

④ 财务报表为税务部门实施税务检查提供依据。

3. 财务报表的编制要求

数字真实、内容完整、报送及时、说明清楚。

二、资产负债表

1. 资产负债表概念

资产负债表，是指反映小企业在某一特定日期的财务状况的报表。是特定时点，而不是特定期间，从会计科目的角度来看，反映的是会计科目在某一时点的结余数。

2. 资产负债表的作用

① 可以提供某一日期资产的总额及其结构，表明小企业拥有或控制的资源及其分布情况，有助于使用者了解小企业在某一特定日期所拥有的资产总量及其结构。

② 可以提供某一日期的负债总额及其结构，表明小企业未来需要用多少资产或劳务来清偿债务以及清偿时间的早晚。

③ 可以反映小企业的所有者在小企业拥有的权益，从而有助于小企业的所有者据以判断资本保值、增值情况。

3. 资产负债表列报的总体要求

① 分类别列报。

② 资产和负债按流动性列报。

③ 列报的汇总金额，包含流动资产合计和非流动资产合计；流动负债合计、非流动资产合计和负债合计；所有者权益合计；资产总计、负债和所有者权益总计。

4. 资产负债表的结构

资产负债表的结构有账户式和报告式。我国资产负债表采用账户式结构，属于左右结构：左方列示资产各项目，右方列示负债和所有者权益各项目。

5. 资产负债表的编制

资产负债表项目的填列方法：

① 根据总账科目余额填列。

② 根据明细科目余额填列。

③ 根据总账科目和明细科目余额分析计算填列。

④ 根据有关科目余额减去其备抵科目余额后的净额填列。

⑤ 综合运用上述填列方法分析填列。

⑥ 根据有关项目的合计额填列。

⑦ 不得填列金额的 5 个特殊项目。

三、利润表

1. 利润表的概念

利润表，是指反映小企业在一定会计期间的经营成果的报表。

2. 利润表的作用

① 可以反映小企业在一定会计期间的收入、费用、利润（亏损）的金额和构成情况。

② 有助于使用者全面了解小企业的经营成果。

③ 有助于使用者分析小企业的获利能力及盈利增长趋势，从而为其作出经济决策提供依据。

3. 利润表中费用的列报要求

我国利润表中费用按照功能分类，即按照费用在小企业所发挥的经济功能进行分类列报，分为营业成本、税金及附加、销售费用、管理费用和财务费用等。

4. 利润表的结构

目前比较普遍的利润表结构有多步式利润表和单步式利润表两种。我国一般采用多步式利润表。

5. 利润表的编制

(1) 利润表项目的填列方法

利润表各项目均需填列“本年累计金额”和“本月金额”两栏。

(2) 利润表项目的内容及填列说明

① 收入类项目的内容及填列说明。

② 费用类项目的内容及填列说明。

③ 利润类项目的内容及填列说明。

同步练习

任务一　资产负债表

一、单选题

1. 关于资产负债表的格式，下列说法不正确的是(　　)。

A. 资产负债表主要有账户式和报告式两种结构

B. 我国的资产负债表采用报告式

C. 账户式资产负债表分为左右两方，左方为资产，右方为负债和所有者权益

D. 负债和所有者权益按照求偿权的先后顺序排列

2. 资产负债表中“未分配利润”项目应根据(　　)填制。

A. 本年利润借方余额+利润分配借方余额

B. 本年利润贷方余额+利润分配贷方余额

C. 本年利润贷方余额-利润分配借方余额

D. 利润分配账户余额

3. 下列项目中属于非流动负债项目的是(　　)。

A. 应付票据　　B. 长期借款

C. 应付股利　　D. 应付职工薪酬

4. 下列项目中不属于流动资产的是(　　)。

A. 货币资金　　B. 应收账款　　C. 预付账款　　D. 累计折旧

5. 可以反映企业某一特定日期财务状况的报表是(　　)。

A. 利润表　　B. 利润分配表　　C. 资产负债表　　D. 现金流量表

二、多选题

1. 资产负债表是按(　　)进行分类列报的。

A. 资产　　B. 负债　　C. 所有者权益　　D. 利润

2. 货币资金项目根据(　　)总账科目的期末余额的合计数填列。

A. 实收资本　　　　B. 库存现金

C. 银行存款　　　　D. 其他货币资金

3. 根据有关科目余额减去其备抵科目余额后的净额填列的有(　　)。

A. 固定资产　　　　B. 存货

C. 无形资产　　　　D. 生产性生物资产

4. 下列属于资产负债表中流动负债项目的有(　　)。

A. 短期借款　　B. 长期借款　　C. 其他应付款　　D. 长期应付款

5. 资产负债表中，不得填列金额的有(　　)项目。

A. 流动资产　　B. 非流动资产　　C. 流动负债　　D. 非流动负债

三、判断题

1. 资产负债表每月填列的“年初余额”金额可以不同。(　　)

2. 资产负债表中资产类至少包括流动资产项目和非流动资产项目。(　　)

3. 资产负债表中“货币资金”项目，应根据“银行存款”账户的期末余额填列。(　　)

4. 账户式资产负债表分左右两方，左方为资产项目，一般按照流动性大小排列；右方为负债及所有者权益项目，一般按要求偿还时间的先后顺序排列。(　　)

5. 资产负债表中长期负债各项目均应根据各总账余额填列。(　　)

四、业务题

某北方企业 2024 年 11 月 30 日有关账户的余额如下。

应收账款—甲	15 000 元(借方)	应付账款—A	30 000 元(贷方)
应收账款—乙	12 000 元(贷方)	应付账款—B	11 000 元(借方)
预收账款—丙	13 000 元(借方)	预付账款—C	18 000 元(贷方)
预收账款—丁	20 000 元(贷方)	预付账款—D	10 000 元(借方)

长期借款贷方 500 000 元(其中：包含将于 2024 年 10 月到期的 3 年期借款 100 000 元)。

要求：计算该企业资产负债表中应收账款、预付账款、应付账款、预收账款、长期借款各项目应填金额。

任务二　利　润　表

一、单选题

1. 表中的利润总额是以(　　)为基础来计算的。

A. 营业收入　　B. 营业成本　　C. 投资收益　　D. 营业利润

2. 我国的利润表采用的是(　　)。

A. 单步式　　B. 多步式　　C. 账户式　　D. 报告式

3. 反映企业在一定会计期间的经营成果的会计报表是(　　)。

A. 资产负债表　　B. 利润表

C. 现金流量表　　D. 会计报表附注

4. 编制利润表所依据的会计等式是(　　)。

A. 收入-费用=利润

B. 资产=负债+所有者权益

C. 借方发生额=贷方发生额

D. 期初余额+本期借方发生额-本期贷方发生额=期末余额

5. 利润表中的“净利润”是根据企业的利润总额扣除(　　)后的净额。

A. 所得税　　B. 盈余公积

C. 应付利润　　D. 营业利润

二、多选题

1. 下列关于利润表的说法，正确的有(　　)。

A. 根据相关账户的本期发生额编制　　B. 根据相关账户的期末余额编制

C. 属于静态报表　　D. 属于动态报表

2. 影响营业利润的账户有(　　)。

A. 主营业务收入　　B. 其他业务成本

C. 营业外支出　　D. 税金及附加

3. 下列利润表计算公式正确的有(　　)。

A. 营业收入=主营业务收入+其他业务收入

B. 营业利润=营业收入-营业成本-销售费用-管理费用-财务费用

C. 利润总额=营业利润+营业外收入-营业外支出

D. 净利润=利润总额-所得税费用

4. 利润表的结构一般有(　　)。

A. 平行式　　B. 账户式

C. 单步式　　D. 多步式

5. 利润表可以提供以下信息(　　)。

A. 从总体上了解企业收入、成本、费用情况

B. 分析企业的获利能力

C. 分析企业所拥有的经济资源及分布情况

D. 了解投资者在企业资产总额中所占份额

三、判断题

1. 利润表各项目都是根据相关科目发生额填列。(　　)

2. 净利润是指营业利润减去所得税费用后的金额。(　　)

3. 利润表中收入类项目大多是根据收入类账户期末结转前借方发生额减去贷方发生额后的差额填列，若差额为负数，以“-”号填列。(　　)

4. 利润表中“营业成本”项目反映企业销售产品和提供劳务等主要经营业务的各项销售费用和实际成本。(　　)

5. 利润总额是指收入加上投资收益、补贴收入、营业外收入，减去营业外支出后的总金额。(　　)

四、业务题

【资料】北方股份有限公司 2024 年末损益类账户转账前发生额资料如下所示(单位：元)。(注：该公司所得税税率为 25%，假设无其他纳税调整事项)

主营业务收入	1 200 000 元(贷方)	主营业务成本	600 000 元(借方)
税金及附加	80 000 元(借方)	其他业务成本	55 000 元(贷方)
其他业务收入	100 000 元(贷方)	销售费用	105 000 元(借方)
管理费用	80 000 元(借方)	财务费用	30 000 元(借方)
投资收益	50 000 元(贷方)	营业外收入	20 000 元(贷方)
营业外支出	60 000 元(借方)		

【要求】计算利润表中各项目的填列数。

(1) 营业收入=　　(2) 营业成本=

(3) 营业利润=　　(4) 利润总额=

(5) 净利润=

综合技能训练

一、练习资产负债表的编制

【资料】时尚之源服装制造有限公司 2024 年 7 月 31 日有关总账和明细账的资料如下：

总账和明细账账户余额表

2024 年 7 月 31 日　　　　单位：元

总账科目	借方余额	总账科目	贷方余额
库存现金	46 000	短期借款	(　　)
银行存款	(　　)	应付账款	(　　)
应收票据	117 395	应付职工薪酬	(　　)
应收账款	(　　)	应交税费	(　　)
原材料	(　　)	实收资本	(　　)
生产成本	(　　)	盈余公积	15 000
周转材料	5 000	累计折旧	100 000
库存商品	(　　)	累计摊销	150 000
固定资产	900 000		
无形资产	800 000		
合计	(　　)	合计	(　　)

【要求】(1)根据项目六至项目十各账户本月余额将上表补充完整；

(2) 计算资产负债表中下列项目应填列的金额；

① 货币资金＝

② 存货＝

③ 无形资产＝

(3) 填制 2024 年 7 月 31 日的资产负债表期末余额栏数据。

资产负债表

编制单位：　　　　年　　月　　日　　　　单位：元

资产	行次	期末余额	年初余额	负债和所有者权益	行次	期末余额	年初余额
流动资产：				流动负债：			
货币资金	1			短期借款	31		
短期投资	2			应付票据	32		
应收票据	3			应付账款	33		
应收账款	4			预收账款	34		
预付账款	5			应付职工薪酬	35		
应收股利	6			应交税费	36		
应收利息	7			应付利息	37		

续表

资产	行次	期末余额	年初余额	负债和所有者权益	行次	期末余额	年初余额
其他应收款	8			应付利润	38		
存货	9			其他应付款	39		
其中：原材料	10			其他流动负债	40		
在产品	11			流动负债合计	41		
库存商品	12			非流动负债：			
周转材料	13			长期借款	42		
其他流动资产	14			长期应付款	43		
流动资产合计	15			递延收益	44		
非流动资产：				其他非流动负债	45		
长期债券投资	16			非流动负债合计	46		
长期股权投资	17			负债合计	47		
固定资产原价	18						
减：累计折旧	19						
固定资产账面价值	20						
在建工程	21						
工程物资	22						
固定资产清理	23						
生产性生物资产	24			所有者权益(股东权益)：			
无形资产	25			实收资本(或股本)	48		
开发支出	26			资本公积	49		
长期待摊费用	27			盈余公积	50		
其他非流动资产	28			未分配利润	51		
非流动资产合计	29			所有者权益(股东权益)合计	52		
资产总计	30			负债和所有者权益(股东权益)总计	53		

单位负责人：　　　　　　　　　　财务主管：　　　　　　　　　　制表人：

二、练习利润表的编制

【资料】时尚之源服装制造有限公司 2024 年 7 月有关损益类科目发生额见项目十综合技能训练二。

【要求】编制 2024 年 7 月的利润表。

利润表

编制单位：　　　　　　　　　　　　　　年　　月　　　　　　　　　　　　　　单位：元

项目	行列	本年累计金额	本月金额
一、营业收入	1		
减：营业成本	2		
税金及附加	3		
其中：消费税	4		
城市维护建设税	5		
资源税	6		
土地增值税	7		
城镇土地使用税、房产税、车船税、印花税	8		
教育费附加、环境保护税	9		
销售费用	10		
其中：商品维修费	11		
广告费和业务宣传费	12		
管理费用	13		
其中：开办费	14		
业务招待费	15		
研究费用	16		
财务费用	17		
其中：利息费用(收入以"-"号填列)	18		
加：投资收益(损失以"-"号填列)	19		
二、营业利润(亏损以"-"号填列)	20		
加：营业外收入	21		
其中：政府补助	22		
减：营业外支出	23		
其中：坏账损失	24		
无法收回的长期债券投资损失	25		
无法收回的长期股权投资损失	26		
自然灾害等不可抗力因素造成的损失	27		
税收滞纳金	28		
固定资产清理损失	29		
三、利润总额(亏损总额以"-"号填列)	30		
减：所得税费用	31		
四、净利润(净亏损以"-"号填列)	32		

项目测试

一、**单项选择题**(在题后的四个备选答案中，选出正确答案填入题干中的括号内，每小题 2 分，共 30 分)

1. 在我国，资产负债表中资产和负债各项目是按照(　　)进行列示。

A. 流动性　　B. 重要性　　C. 变动性　　D. 有用性

2. 反映小企业某一特定日期财务状况的报表是(　　)。

A. 资产负债表　　B. 利润表　　C. 现金流量表　　D. 附注

3. 现金流量表反映小企业的(　　)。

A. 财务状况　　B. 经营成果　　C. 现金流量　　D. 附注

4. 下列属于资产负债表项目的有(　　)。

A. 营业利润　　B. 未分配利润　　C. 利润总额　　D. 净利润

5. 未分配利润属于(　　)列报项目。

A. 现金流量表　　B. 利润表　　C. 附注　　D. 资产负债表

6. 应收账款明细账期末如有贷方余额，应在资产负债表的(　　)项目列示。

A. 应付账款　　B. 预收账款　　C. 预付账款　　D. 应收账款

7. 应付账款项目，应根据应付账款和(　　)科目所属的相关明细科目的期末贷方余额合计数填列。

A. 应付账款　　B. 预收账款　　C. 应收账款　　D. 预付账款

8. 长期应付款属于资产负债表中(　　)项目。

A. 流动资产　　B. 流动负债　　C. 非流动资产　　D. 非流动负债

9. 下列反映小企业一定会计期间经营成果的报表是(　　)。

A. 现金流量表　　B. 利润表　　C. 附注　　D. 资产负债表

10. 2024 年 3 月 31 日编报的利润表中“本月金额”一栏反映了(　　)。

A. 2024 年 3 月 31 日利润或亏损的形成情况

B. 2024 年 1—3 月累计利润或亏损的形成情况

C. 2024 年 3 月利润或亏损的形成情况

D. 2024 年 1 季度利润或亏损的形成情况

11. 下列关于利润表表述不正确的是(　　)。

A. 体现了“收入-费用=利润”这一会计等式的要求

B. 反映企业一定期间的财务状况

C. 采用多步式结构

D. 按月编报

12. 在资产负债表中，属于流动资产项目的有(　　)。

A. 预收账款　　B. 短期借款　　C. 工程物资　　D. 原材料

13. 根据“资产=负债+所有者权益”填列的会计报表是(　　)。

A. 现金流量表　　B. 利润表

C. 资产负债表　　D. 所有者权益变动表

14. 根据“收入-费用=利润”填列的会计报表是(　　)。

A. 现金流量表　　B. 利润表

C. 资产负债表　　D. 所有者权益变动表

15. 在资产负债表编制中，可以直接根据总账余额填列的项目有(　　)。

A. 货币资金　　B. 存货　　C. 实收资本　　D. 未分配利润

二、多项选择题(在题后的备选答案中，选出两个或两个以上正确答案填入题干中的括号中，每小题3分，共30分)

1. 小企业的财务报表至少应当包括(　　)。

A. 资产负债表　　B. 利润表　　C. 现金流量表　　D. 附注

2. 小企业财务报表的使用者主要包括(　　)。

A. 投资者　　B. 债权人

C. 税务部门　　D. 小企业的管理者

3. 小企业财务报表的编制要求(　　)。

A. 数字真实　　B. 内容完整　　C. 报送及时　　D. 说明清楚

4. 资产负债表各项目均需填列(　　)。

A. 月初余额　　B. 年初余额　　C. 期末余额　　D. 上年同期金额

5. 下列关于资产负债表表述正确的是(　　)。

A. 以“资产=负债+所有者权益”这一会计恒等式为基础

B. 反映企业特定期间的财务状况

C. 资产和负债按流动性列报

D. 按季度编报

6. 下列属于利润表项目的有(　　)。

A. 营业利润　　B. 未分配利润　　C. 利润总额　　D. 净利润

7. 在资产负债表中，属于流动负债项目的有(　　)。

A. 预收账款　　B. 预付账款　　C. 其他应付款　　D. 长期应付款

8. 下列属于资产负债表中非流动负债项目的有(　　)。

A. 短期借款　　B. 长期借款　　C. 其他应付款　　D. 长期应付款

9. 直接根据总账科目余额填列的有(　　)。

A. 短期借款　　B. 应收账款　　C. 应付账款　　D. 其他应付款

10. 利润表中“营业成本”项目，根据(　　)科目的发生额合计填列。

A. 主营业务成本　　B. 其他业务成本　　C. 营业外支出　　D. 营业外收入

三、判断题(判断下列各题，正确的请打“√”，错误的请打“×”，每小题1分，共10分)

1. 财务报表，是指对小企业财务状况、经营成果和现金流量的结构性表述。 (　　)
2. 附注是财务报表不可或缺的组成部分。 (　　)
3. 资产负债表反映的是小企业某一特定期间的财务状况。 (　　)
4. 在世界范围内，资产负债表都采用账户式结构。 (　　)
5. 资产负债表是按照资产、负债、所有者权益三大类别分类列报的。 (　　)
6. 我国资产负债表左方列示资产各项目，右方列示负债和所有者权益各项目。 (　　)
7. 资产负债表左方资产总计必须等于右方负债和所有者权益总计。 (　　)
8. 资产负债表各项目均需填列“年初余额”和“期末余额”两栏。 (　　)
9. 本年利润属于利润表中列报的项目。 (　　)
10. 我国利润表采用多步式结构。 (　　)

四、业务题(完成下列分录题，每小题3分，共30分)

实训一

【目的】练习资产负债表的编制。

【资料】某南方公司2024年9月30日有关总账和明细账的余额如下。

单位：元

账户名称	借或贷	余额	账户名称	借或贷	余额
库存现金	借	1 500	短期借款	贷	250 000
银行存款	借	800 000	应付票据	贷	25 500
其他货币资金	借	90 000	应付账款	贷	71 000
短期投资	借	115 000	—丙公司	贷	91 000
应收票据	借	20 000	—丁公司	借	20 000
应收账款	借	75 000	预收账款	贷	14 700
—甲公司	借	80 000	—C公司	贷	14 700
—乙公司	贷	5 000	其他应付款	贷	12 000
预付账款	借	36 100	应交税费	贷	28 000
—A公司	借	31 000	长期借款	贷	506 000
—B公司	借	5 100	其中：1年内到期的长期借款	贷	23 000
其他应收款	借	8 500	应付债券	贷	563 700
原材料	借	774 400	实收资本	贷	4 040 000
材料成本差异	贷	2 000	盈余公积	贷	158 100
生产成本	借	265 400	利润分配	贷	1 900
库存商品	借	193 200	—未分配利润	贷	1 900
固定资产	借	2 888 000	本年利润	贷	36 700
累计折旧	贷	4 900			
在建工程	借	447 400			
资产合计	借	5 707 600	权益合计		5 707 600

要求：根据上述资料，计算 9 月 30 日资产负债表下列项目金额。

（1）货币资金 =

（2）预付账款 =

（3）预收账款 =

（4）长期借款 =

（5）未分配利润 =

实训二

【目的】练习利润表的编制。

【资料】南方股份有限公司 2024 年损益类账户发生额资料如下。

科目名称	借方	贷方
主营业务收入		800 000
主营业务成本	600 000	
税金及附加	10 000	
管理费用	40 000	
销售费用	3 500	
财务费用	3 000	
营业外收入		20 000
营业外支出	13 000	
其他业务收入		20 000
其他业务成本	15 000	
投资收益		40 000

注：该公司所得税税率为 25%，假设无其他纳税调整事项。

【要求】根据上述资料分别计算该公司在该会计期间利润表内下列有关项目金额。（要求列出计算过程）。

（1）营业收入 =

（2）营业成本 =

（3）营业利润 =

（4）利润总额 =

（5）净利润 =

项目十三　会计核算程序

知识梳理

一、会计核算程序

1. 会计核算程序的概念

会计核算程序又称账务处理程序，它是由账簿组织、记账程序和记账方法三者有机结合起来的账务体系。

2. 会计核算程序的意义

① 选用适当的会计核算程序，有利于科学地组织小企业的会计核算工作，具有保证会计数据的整个处理过程有条不紊地进行，保证会计记录正确、及时、完整的重要作用。

② 能减少不必要的核算环节和手续，迅速编制财务报表，提高会计核算工作的效率。

③ 可以保证迅速形成财务信息，提高会计核算资料的质量，为小企业的经营管理提供准确的会计信息。

3. 会计核算程序的基本模式

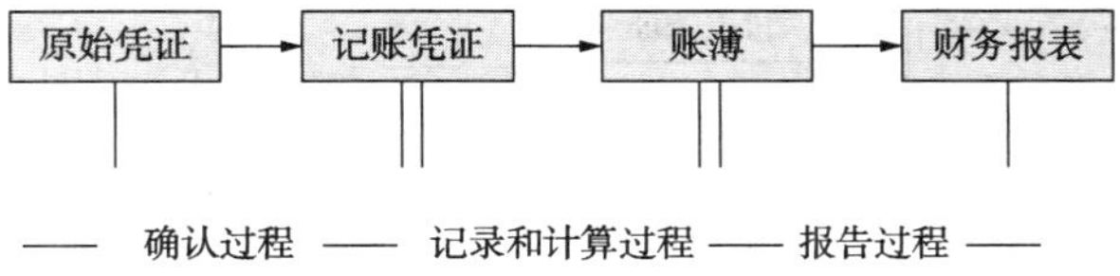

会计核算程序基本模式

4. 会计核算程序的种类

目前，我国小企业采用的会计核算程序因其登记总账的依据和方法不同，主要有以下五种：

① 记账凭证核算程序；

② 科目汇总表核算程序；

③ 汇总记账凭证核算程序；

④ 多栏式日记账核算程序；

⑤ 日记总账核算程序。

二、记账凭证核算程序

1. 记账凭证核算程序的特点

(1) 记账凭证核算程序的账簿组织

在记账凭证核算程序下，记账凭证一般采用收款凭证、付款凭证和转账凭证三种格式，也可采用通用记账凭证格式。账簿的设置一般包括现金日记账、银行存款日记账、总分类账和明细分类账。

(2) 记账凭证核算程序的特点

记账凭证会计处理程序的基本特点是直接根据记账凭证逐笔登记总分类账。

(3) 记账凭证核算程序的优缺点及适用性

① 记账凭证会计处理的优点：

记账层次清楚，核算程序比较简单，易于理解和掌握，并且在账簿中能比较详细地反映经济业务的来龙去脉，直接地反映会计处理的全过程，便于查账。

② 记账凭证会计处理的缺点：

如果企业采用的是手工账，则由于登记总账是根据记账凭证逐笔登记的，倘若企业规模大，经济业务量多，势必造成登记总账的工作量大。

③ 记账凭证会计处理程序的适用范围：

一般适用于规模较小、经济业务量较少的企业。

2. 记账凭证核算程序的流程

(1) 记账凭证核算程序的操作流程

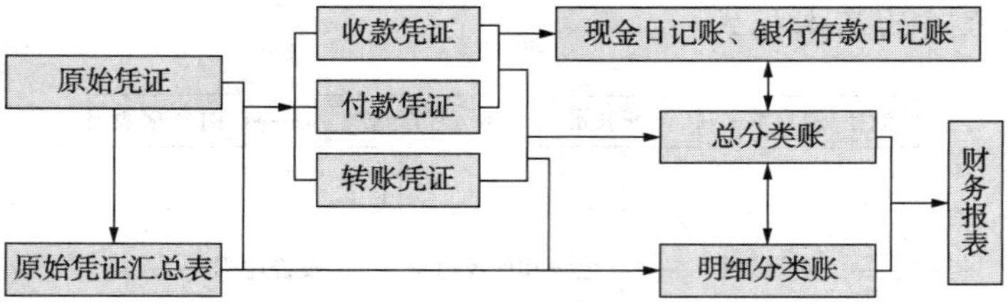

记账凭证核算程序

(2) 记账凭证核算程序的操作

三、科目汇总表核算程序

1. 科目汇总表核算程序的特点

(1) 科目汇总表核算程序的账簿组织

在科目汇总表核算程序下，会计凭证、会计账簿、财务会计报告，它们之间的结合形式、账簿组织与记账凭证核算程序大体一样，唯独多一张科目汇总表。科目汇总表是指不考虑账户的对应关系，定期将全部记账凭证涉及的每一账户的借方、贷方发生额予以分类汇总，据以登记总账的一览表。

（2）科目汇总表核算程序的特点

科目汇总表核算程序的基本特点是定期根据记账凭证编制科目汇总表，然后根据科目汇总表登记总账。

（3）科目汇总表核算程序的优缺点及适用性

① 科目汇总表核算程序的优点：

根据科目汇总表登记总账，大大减少了手工账登记总账的工作量。能对所编制的记账凭证起到试算平衡的作用，及时发现记账过程中的差错，可以保证会计核算资料的质量。

② 科目汇总表核算程序的缺点：

科目汇总表本身只反映各科目的借贷方发生额，无法表明账户之间的对应关系，因而不便于对企业的经济活动进行分析和检查。

③ 科目汇总表核算程序的适用范围：

适用于规模较大、经济业务量较多的大中型企业。

2. 科目汇总表核算程序的流程

（1）科目汇总表核算程序的操作流程

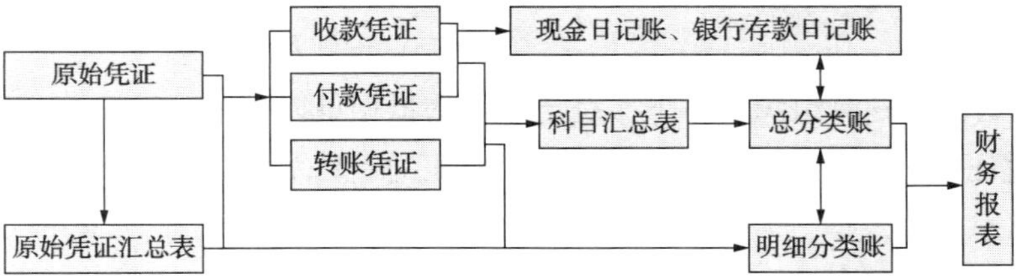

科目汇总表核算程序

（2）科目汇总表核算程序的操作

同步练习

任务一　会计核算程序

一、单选题

1. 各种账务处理程序中会计报表是根据(　　)资料编制的。

A. 日记账、总账和明细账　　B. 日记账和明细分类账

C. 明细账和总分类账　　D. 日记账和总分类账

2. 各种账务处理程序之间的区别在于(　　)。

A. 总账的格式不同　　B. 编制会计报表的依据不同

C. 登记总账的程序和方法不同　　D. 会计凭证的种类不同

3. 企业会计凭证、会计账簿、会计报表相结合的方式称为(　　)。

A. 账簿组织　　B. 会计核算组织程序

C. 记账工作步骤　　D. 会计组织

4. 下列各项中，属于最基本的账务处理程序的是(　　)。

A. 记账凭证账务处理程序　　B. 汇总记账凭证账务处理程序

C. 科目汇总表账务处理程序　　D. 日记总账账务处理程序

5. 会计核算程序的意义不包括(　　)。

A. 具有保证会计记录正确、及时、完整的重要作用

B. 能减少不必要的核算环节和手续，提高会计核算工作的效率

C. 可以保证迅速形成财务信息，提高会计核算资料的质量

D. 核算程序比较简单，易于理解和掌握，并且在账簿中能比较详细地反映经济业务的来龙去脉

二、多选题

1. 各种会计账务处理程序下，登记明细账的依据可能有(　　)。

A. 原始凭证　　B. 汇总原始凭证

C. 记账凭证　　D. 汇总记账凭证

2. 在不同的会计核算组织程序下，登记总账的依据可以有(　　)。

A. 记账凭证　　B. 汇总记账凭证

C. 科目汇总表　　D. 汇总原始凭证

3. 各种账务处理程序的相同之处表现为(　　)。

A. 根据原始凭证编制汇总原始凭证

B. 根据原始凭证或原始凭证汇总表编制记账凭证

C. 根据记账凭证逐笔登记总账

D. 根据总账及明细账编制会计报表

4. 会计核算程序的种类有(　　)。

A. 记账凭证核算程序　　B. 科目汇总表核算程序

C. 汇总记账凭证核算程序　　D. 多栏式日记账核算程序

5. 会计核算程序的基本模式包括(　　)。

A. 在审核分析原始凭证的合法性、合理性的基础上，编制记账凭证，此环节属于对经济业务初步确认的过程

B. 将审核无误的记账凭证按照同一借贷方向及相等金额过入分类账中去，此环节属于记录与计算的过程

C. 根据账簿中的总账和明细账编制财务报表，反映企业财务状况、经营成果和现金流量的会计信息，此环节属于报告的过程

D. 将审核无误的记账凭证登记账簿，此环节属于记录与计算的过程

三、判断题

1. 各种账务处理的主要区别是它所采用的账簿格式结构不同。 ( )
2. 在不同的账务处理程序中，登记总账的依据相同。 ( )
3. 总分类账可以逐笔登记，也可以汇总登记。 ( )
4. 我国小企业会计核算程序的根本区别是登记日记账的方法和依据不同。 ( )
5. 会计核算程序有记账凭证核算程序、科目汇总表核算程序两类。 ( )

任务二　记账凭证核算程序

一、单选题

1. 关于记账凭证账务处理程序，下列说法不正确的是(　　)。

A. 根据记账凭证逐笔登记总分类账，是最基本的账务处理程序

B. 简单明了、易于理解，总分类账可以较详细地反映经济业务的发生情况

C. 登记总分类账的工作量较大

D. 适用于规模较大、经济业务量较多的单位

2. 规模较小、经济业务量较少的企业适宜采用的账务处理程序是(　　)。

A. 记账凭证账务处理程序　　B. 科目汇总表账务处理程序

C. 汇总记账凭证账务处理程序　　D. 原始凭证账务处理程序

3. 记账凭证核算程序的主要特点是(　　)。

A. 根据各种记账凭证编制汇总记账凭证

B. 根据记账凭证逐笔登记总分类账

C. 根据各种记账凭证编制科目汇总表

D. 根据各种汇总记账凭证登记总分类账

4. 关于记账凭证账务处理程序，下列说法不正确的是(　　)。

A. 根据记账凭证逐笔登记总分类账，是最基本的账务处理程序

B. 简单明了、易于理解，总分类账可以较详细地反映经济业务的发生情况

C. 登记总分类账的工作量较大

D. 适用于规模较大、经济业务量较多的单位

5. 直接根据记账凭证逐笔登记总分类账，这种核算程序是(　　)。

A. 记账凭证核算程序　　B. 科目汇总表核算程序

C. 汇总记账凭证核算程序　　D. 日记总账核算程序

二、多选题

1. 记账凭证会计处理程序的优点是(　　)。

A. 记账层次清楚　　B. 核算程序比较简单

C. 易于理解和掌握　　D. 便于查账

2. 关于记账凭证账务处理程序，下列说法正确的是(　　)。

A. 根据记账凭证逐笔登记总分类账，是最基本的账务处理程序

B. 简单明了、易于理解，总分类账可以较详细地反映经济业务的发生情况

C. 登记总分类账的工作量较大

D. 适用于规模较大、经济业务量较多的单位

3. 采用记账凭证账务处理程序一般设置(　　)。

A. 现金日记账　　B. 银行存款日记账

C. 明细分类账　　D. 总分类账

4. 记账凭证核算程序下，应设置的会计凭证有(　　)。

A. 科目汇总表　　B. 收款凭证

C. 付款凭证　　D. 转账凭证

5. 记账凭证账务处理程序的缺点是(　　)。

A. 核算程序复杂

B. 不便于对账和查账

C. 登记总分类账的工作量大

D. 不便于总分类账与明细分类账分工协作

三、判断题

1. 记账凭证账务处理程序的主要缺点是总分类账的登记工作量过大。(　　)

2. 在记账凭证账务处理程序下，一般应设置多栏式库存现金日记账和银行存款日记账。(　　)

3. 在记账凭证账务处理程序下，记账凭证可使用专用记账凭证，也可以使用通用记账凭证。(　　)

4. 记账凭证核算程序是其他会计核算程序的基础。(　　)

5. 记账凭证核算程序适用于一切企业。(　　)

任务三　科目汇总表核算程序

一、单选题

1. 各种账务处理程序中会计报表是根据(　　)资料编制的。

A. 日记账、总账和明细账　　B. 日记账和明细分类账

C. 明细账和总分类账

D. 日记账和总分类账

2. 科目汇总表所汇总的范围是(　　)。

A. 全部科目的借方发生额

B. 全部科目的贷方发生额

C. 全部科目的借方、贷方发生额

D. 全部科目的借方、贷方余额

3. 科目汇总表核算程序下，会计凭证方面除设置收款凭证、付款凭证、转账凭证，还应设置(　　)。

A. 科目汇总表

B. 汇总收款凭证

C. 汇总付款凭证

D. 汇总转账凭证

4. 下列关于科目汇总表核算程序的说法，不正确的有(　　)。

A. 科目汇总表核算程序可以大大减少总账的登记工作量

B. 科目汇总表核算程序可以对发生额进行试算平衡

C. 科目汇总表核算程序下总分类账能明确反映账户的对应关系

D. 科目汇总表核算程序适用于规模大、业务量多的单位

5. 科目汇总表的缺点主要是不能反映(　　)。

A. 账户借方、贷方发生额

B. 账户借方、贷方余额

C. 账户对应关系

D. 各账户借方、贷方发生额合计

二、多选题

1. 下列不属于科目汇总表账务处理程序优点有(　　)。

A. 便于反映各账户间的对应关系

B. 便于进行试算平衡

C. 便于检查核对账目

D. 减少登记总分类账的工作量

2. 可以简化登记总账工作量的会计核算形式有(　　)。

A. 记账凭证核算形式

B. 科目汇总表核算形式

C. 汇总记账凭证核算形式

D. 多栏式日记账核算形式

3. 各种会计账务处理程序下，登记明细账的依据可能有(　　)。

A. 原始凭证

B. 汇总原始凭证

C. 记账凭证

D. 汇总记账凭证

4. 科目汇总表可以(　　)。

A. 减少总分类账的登记工作量

B. 进行总账登记前的试算平衡

C. 反映经济业务的来龙去脉

D. 反映账户的对应关系

5. 下列关于科目汇总表核算程序的说法，正确的有(　　)。

A. 科目汇总表核算程序可以大大减少总账的登记工作量

B. 科目汇总表核算程序可以对发生额进行试算平衡

C. 科目汇总表核算程序下总分类账能明确反映账户的对应关系

D. 科目汇总表核算程序适用于规模大、业务量多的单位

三、判断题

1. 编制科目汇总表的工作量比较大，因此科目汇总表账务处理程序不适合经济业务量比较多的企业采用。（　　）

2. 以原始凭证汇总表作为登记总账的依据是科目汇总表账务处理程序的特点。（　　）

3. 科目汇总表不仅可以起到试算平衡的作用，还可以反映账户之间的对应关系。（　　）

4. 科目汇总表会计处理程序的基本特点是根据记账凭证直接登记总分类账。（　　）

5. 科目汇总表的缺点是不能反映借方发生额。（　　）

综合技能训练

【资料】项目六至项目十时尚之源服装制造有限公司 2024 年 7 月相关记账凭证。

【要求】编制科目汇总表，并根据科目汇总表登记“银行存款”“应付账款”“生产成本”“应交税费”账户的总分类账。

科目汇总表

2024 年 7 月 1 日至 15 日　　　　汇字第 1 号

科目名称	记账凭证起止号数	借方发生额	贷方发生额	账页
合计				

图 1　科目汇总表

科目汇总表

2024 年 7 月 16 日至 31 日　　　　汇字第 2 号

科目名称	记账凭证起止号数	借方发生额	贷方发生额	账页
合计				

图 2　科目汇总表

总 分 类 账

总第　　页　分第　　页

年 度　　　　会计科目及编号：

<table>
<tr><td colspan="2">年</td><td colspan="2">凭证号数</td><td rowspan="2">摘要</td><td rowspan="2">对方科目</td><td colspan="11">借方</td><td rowspan="2">√</td><td colspan="11">贷方</td><td rowspan="2">√</td><td rowspan="2">借或贷</td><td colspan="11">余额</td><td rowspan="2">√</td></tr>
<tr><td>月</td><td>日</td><td>种类</td><td>号数</td><td>亿</td><td>千</td><td>百</td><td>十</td><td>万</td><td>千</td><td>百</td><td>十</td><td>元</td><td>角</td><td>分</td><td>亿</td><td>千</td><td>百</td><td>十</td><td>万</td><td>千</td><td>百</td><td>十</td><td>元</td><td>角</td><td>分</td><td>亿</td><td>千</td><td>百</td><td>十</td><td>万</td><td>千</td><td>百</td><td>十</td><td>元</td><td>角</td><td>分</td></tr>
<tr><td></td><td></td><td></td><td></td><td></td><td></td><td></td><td></td><td></td><td></td><td></td><td></td><td></td><td></td><td></td><td></td><td></td><td></td><td></td><td></td><td></td><td></td><td></td><td></td><td></td><td></td><td></td><td></td><td></td><td></td><td></td><td></td><td></td><td></td><td></td><td></td><td></td><td></td><td></td><td></td><td></td><td></td><td></td></tr>
<tr><td></td><td></td><td></td><td></td><td></td><td></td><td></td><td></td><td></td><td></td><td></td><td></td><td></td><td></td><td></td><td></td><td></td><td></td><td></td><td></td><td></td><td></td><td></td><td></td><td></td><td></td><td></td><td></td><td></td><td></td><td></td><td></td><td></td><td></td><td></td><td></td><td></td><td></td><td></td><td></td><td></td><td></td><td></td></tr>
<tr><td></td><td></td><td></td><td></td><td></td><td></td><td></td><td></td><td></td><td></td><td></td><td></td><td></td><td></td><td></td><td></td><td></td><td></td><td></td><td></td><td></td><td></td><td></td><td></td><td></td><td></td><td></td><td></td><td></td><td></td><td></td><td></td><td></td><td></td><td></td><td></td><td></td><td></td><td></td><td></td><td></td><td></td><td></td></tr>
<tr><td></td><td></td><td></td><td></td><td></td><td></td><td></td><td></td><td></td><td></td><td></td><td></td><td></td><td></td><td></td><td></td><td></td><td></td><td></td><td></td><td></td><td></td><td></td><td></td><td></td><td></td><td></td><td></td><td></td><td></td><td></td><td></td><td></td><td></td><td></td><td></td><td></td><td></td><td></td><td></td><td></td><td></td><td></td></tr>
<tr><td></td><td></td><td></td><td></td><td></td><td></td><td></td><td></td><td></td><td></td><td></td><td></td><td></td><td></td><td></td><td></td><td></td><td></td><td></td><td></td><td></td><td></td><td></td><td></td><td></td><td></td><td></td><td></td><td></td><td></td><td></td><td></td><td></td><td></td><td></td><td></td><td></td><td></td><td></td><td></td><td></td><td></td><td></td></tr>
<tr><td></td><td></td><td></td><td></td><td></td><td></td><td></td><td></td><td></td><td></td><td></td><td></td><td></td><td></td><td></td><td></td><td></td><td></td><td></td><td></td><td></td><td></td><td></td><td></td><td></td><td></td><td></td><td></td><td></td><td></td><td></td><td></td><td></td><td></td><td></td><td></td><td></td><td></td><td></td><td></td><td></td><td></td><td></td></tr>
</table>

图 3　“银行存款”总分类账

总 分 类 账

总第　　页　分第　　页

年 度　　　　会计科目及编号：

<table>
<tr><td colspan="2">年</td><td colspan="2">凭证号数</td><td rowspan="2">摘要</td><td rowspan="2">对方科目</td><td colspan="11">借方</td><td rowspan="2">√</td><td colspan="11">贷方</td><td rowspan="2">√</td><td rowspan="2">借或贷</td><td colspan="11">余额</td><td rowspan="2">√</td></tr>
<tr><td>月</td><td>日</td><td>种类</td><td>号数</td><td>亿</td><td>千</td><td>百</td><td>十</td><td>万</td><td>千</td><td>百</td><td>十</td><td>元</td><td>角</td><td>分</td><td>亿</td><td>千</td><td>百</td><td>十</td><td>万</td><td>千</td><td>百</td><td>十</td><td>元</td><td>角</td><td>分</td><td>亿</td><td>千</td><td>百</td><td>十</td><td>万</td><td>千</td><td>百</td><td>十</td><td>元</td><td>角</td><td>分</td></tr>
<tr><td></td><td></td><td></td><td></td><td></td><td></td><td></td><td></td><td></td><td></td><td></td><td></td><td></td><td></td><td></td><td></td><td></td><td></td><td></td><td></td><td></td><td></td><td></td><td></td><td></td><td></td><td></td><td></td><td></td><td></td><td></td><td></td><td></td><td></td><td></td><td></td><td></td><td></td><td></td><td></td><td></td><td></td><td></td></tr>
<tr><td></td><td></td><td></td><td></td><td></td><td></td><td></td><td></td><td></td><td></td><td></td><td></td><td></td><td></td><td></td><td></td><td></td><td></td><td></td><td></td><td></td><td></td><td></td><td></td><td></td><td></td><td></td><td></td><td></td><td></td><td></td><td></td><td></td><td></td><td></td><td></td><td></td><td></td><td></td><td></td><td></td><td></td><td></td></tr>
<tr><td></td><td></td><td></td><td></td><td></td><td></td><td></td><td></td><td></td><td></td><td></td><td></td><td></td><td></td><td></td><td></td><td></td><td></td><td></td><td></td><td></td><td></td><td></td><td></td><td></td><td></td><td></td><td></td><td></td><td></td><td></td><td></td><td></td><td></td><td></td><td></td><td></td><td></td><td></td><td></td><td></td><td></td><td></td></tr>
<tr><td></td><td></td><td></td><td></td><td></td><td></td><td></td><td></td><td></td><td></td><td></td><td></td><td></td><td></td><td></td><td></td><td></td><td></td><td></td><td></td><td></td><td></td><td></td><td></td><td></td><td></td><td></td><td></td><td></td><td></td><td></td><td></td><td></td><td></td><td></td><td></td><td></td><td></td><td></td><td></td><td></td><td></td><td></td></tr>
<tr><td></td><td></td><td></td><td></td><td></td><td></td><td></td><td></td><td></td><td></td><td></td><td></td><td></td><td></td><td></td><td></td><td></td><td></td><td></td><td></td><td></td><td></td><td></td><td></td><td></td><td></td><td></td><td></td><td></td><td></td><td></td><td></td><td></td><td></td><td></td><td></td><td></td><td></td><td></td><td></td><td></td><td></td><td></td></tr>
<tr><td></td><td></td><td></td><td></td><td></td><td></td><td></td><td></td><td></td><td></td><td></td><td></td><td></td><td></td><td></td><td></td><td></td><td></td><td></td><td></td><td></td><td></td><td></td><td></td><td></td><td></td><td></td><td></td><td></td><td></td><td></td><td></td><td></td><td></td><td></td><td></td><td></td><td></td><td></td><td></td><td></td><td></td><td></td></tr>
</table>

图 4　“应付账款”总分类账

总 分 类 账

总第　　页　分第　　页

年　度　　　　　　　　　　　　　　　会计科目及编号：

年		凭证号数		摘要	对方科目	借方											√	贷方											√	借或贷	余额											√
月	日	种类	号数			亿	千	百	十	万	千	百	十	元	角	分		亿	千	百	十	万	千	百	十	元	角	分			亿	千	百	十	万	千	百	十	元	角	分	

图 5　“生产成本”总分类账

总 分 类 账

总第　　页　分第　　页

年　度　　　　　　　　　　　　　　　会计科目及编号：

年		凭证号数		摘要	对方科目	借方											√	贷方											√	借或贷	余额											√
月	日	种类	号数			亿	千	百	十	万	千	百	十	元	角	分		亿	千	百	十	万	千	百	十	元	角	分			亿	千	百	十	万	千	百	十	元	角	分	

图 6　“应交税费”总分类账

项目测试

一、单项选择题(在题后的四个备选答案中，选出正确答案填入题干中的括号中，每小题 2 分，共 30 分)

1. 会计核算程序的核心是(　　)。

A. 账簿组织　　　　B. 记账程序

C. 记账方法　　　　D. 记账过程

2. 最基本的会计核算程序是(　　)。

A. 科目汇总表核算程序　　　　B. 汇总记账凭证核算程序

C. 记账凭证核算程序　　　　D. 多栏式日记账核算程序

3. 我国小企业会计核算程序的根本区别是(　　)。

A. 登记日记账的方法和依据不同

B. 登记明细分类账的方法和依据不同

C. 登记总分类账的方法和依据不同

D. 编制报表的方法和依据不同

4. 记账凭证会计处理程序的适用范围是(　　)。

A. 规模大　　B. 规模小、业务量少

C. 业务量多　　D. 规模大、业务量多

5. 记账凭证会计处理程序的基本特点是(　　)。

A. 直接根据原始凭证逐笔登记总分类账

B. 直接根据记账凭证逐笔登记明细分类账

C. 直接根据原始凭证逐笔登记明细分类账

D. 直接根据记账凭证逐笔登记总分类账

6. 科目汇总表会计处理程序的基本特点是(　　)。

A. 直接根据原始凭证逐笔登记总分类账

B. 直接根据科目汇总表登记总分类账

C. 直接根据科目汇总表逐笔登记明细分类账

D. 直接根据记账凭证逐笔登记总分类账

7. 科目汇总表核算程序的适用范围(　　)。

A. 规模小　　B. 规模小、业务量少

C. 业务量少　　D. 规模大、业务量多

8. 科目汇总表账务处理程序的主要优点是(　　)。

A. 不能减少工作量　　B. 能反映会计账户的对应关系

C. 有利于进行发生额的试算平衡　　D. 不便于核对账目

9. 各种账务处理程序的不同之处是(　　)。

A. 适用范围不相同　　B. 登记总分类账的依据和方法不同

C. 会计凭证的组织不相同　　D. 会计账簿的组织不相同

10. 不属于会计核算程序基本步骤的是(　　)。

A. 填制审核会计凭证　　B. 登记账簿

C. 编制会计报告　　D. 成本计算

11. 下列属于记账凭证账务处理程序优点的是(　　)。

A. 总分类账反映经济业务较详细

B. 减少了登记总分类账的工作量

C. 有利于会计核算的日常分工

D. 便于核对账目和进行试算平衡

12. 科目汇总表核算程序中，登记总分类账的依据是(　　)。

A. 原始凭证　　B. 记账凭证

C. 科目汇总表　　D. 原始凭证汇总表

13. 会计凭证方面，科目汇总表核算程序比记账凭证核算程序增设了(　　)。

A. 原始凭证汇总表　　B. 汇总原始凭证

C. 科目汇总表　　D. 汇总记账凭证

14. 记账凭证核算程序的缺点是(　　)。

A. 不便于分工记账　　B. 程序复杂、不易掌握

C. 不便于核查账目　　D. 登记总分类账的工作量较大

15. 科目汇总表的汇总时间应根据(　　)确定。

A. 会计期间　　B. 业务量多少

C. 企业规定　　D. 以上都不对

二、多项选择题(在题后的备选答案中，选出两个或两个以上正确答案填入题干中的括号中，每小题 3 分，共 30 分)

1. 小企业会计核算程序是由(　　)有机结合起来的账务体系。

A. 账簿组织　　B. 记账程序

C. 记账方法　　D. 记账过程

2. 我国会计核算程序主要有(　　)。

A. 科目汇总表核算程序　　B. 汇总记账凭证核算程序

C. 记账凭证核算程序　　D. 多栏式日记账核算程序

3. 关于记账凭证账务处理程序，下列说法正确的是(　　)。

A. 根据记账凭证逐笔登记总分类账，是最基本的账务处理程序

B. 简单明了、易于理解，总分类账可以较详细地反映经济业务的发生情况

C. 登记总分类账的工作量较大

D. 适用于规模较大、经济业务量较多的单位

4. 科目汇总表的作用是(　　)。

A. 提高编制原始凭证的效率　　B. 反映账户的对应关系

C. 起到试算平衡的作用　　D. 作为登记总账的依据

5. 科目汇总表会计处理程序的缺点是(　　)。

A. 无法表明账户之间的对应关系

B. 不便于对企业的经济活动进行分析和检查

C. 登记总账简便

D. 能保证登记总账的正确性

6. 在科目汇总表核算程序下，以记账凭证为登记依据的有(　　)。

A. 现金日记账　　B. 总分类账

C. 明细分类账　　D. 银行存款日记账

7. 记账凭证核算程序下，应设置的会计凭证有(　　)。

A. 科目汇总表　　B. 收款凭证

C. 付款凭证　　D. 转账凭证

8. 在科目汇总表核算程序下，科目汇总编制方法有(　　)。

A. 分科目汇总　　B. 全部汇总

C. 分时间汇总　　D. 分类汇总

9. 科目汇总表是根据(　　)。

A. 明细账和总账　　B. 收款凭证

C. 原始凭证　　D. 转账凭证

10. 在不同会计核算程序下，可以作为登记总分类账依据的是(　　)。

A. 记账凭证　　B. 科目汇总表

C. 原始凭证　　D. 汇总记账凭证

三、判断题(判断下列各题，正确的请打"√"，错误的请打"×"，每小题1分，共10分)

1. 在实际工作中，小企业应视其本身的业务性质、规模大小及经济活动的繁简程度正确地选择适应本企业的会计核算程序。(　　)

2. 因登记分类账的依据和方法不同，我国小企业的会计核算程序主要有四种。(　　)

3. 记账凭证核算程序能比较详细地反映经济业务的来龙去脉。(　　)

4. 记账凭证核算程序的缺点是手工账登记总账的工作量大。(　　)

5. 科目汇总表核算程序的缺点是手工账登记总账的工作量大。(　　)

6. 不同的会计核算程序下，编制明细账的依据是相同的。(　　)

7. 同一单位可以同时采用几种不同的账务处理程序。(　　)

8. 记账凭证是登记各种账簿的唯一依据。(　　)

9. 科目汇总表核算程序可以减少登记总账的工作量，所以适用于规模大、经济业务量多的大中型单位。(　　)

10. 采用科目汇总表核算程序，总分类账、明细账和日记账均应根据科目汇总表登记。(　　)

四、实训题(共30分)

实训一

【目的】运用记账凭证核算程序。

【资料】凯凯公司2024年4月相关经济业务：见项目九的任务一。

【要求】1. 填制记账凭证；

2. 根据记账凭证登记总账及相关明细账；

3. 编制资产负债表；

4. 编制利润表。

实训二

【目的】运用科目汇总表核算程序。

【资料】凯凯公司2024年4月相关经济业务：见项目九的任务一。

【要求】1. 填制记账凭证；

2. 根据记账凭证按4月1—10日，4月11—20日，4月21—30日编制科目汇总表。

科目汇总表

2024 年 4 月 1 日至 10 日　　　　汇字第 1 号

科目名称	记账凭证起止号数	借方发生额	贷方发生额	账页
合计				

科目汇总表

2024 年 4 月 11 日至 20 日　　　　　　　　汇字第 2 号

科目名称	记账凭证起止号数	借方发生额	贷方发生额	账页
合计				

科目汇总表

2024 年 4 月 21 日至 30 日　　　　汇字第 3 号

科目名称	记账凭证起止号数	借方发生额	贷方发生额	账页
合计				

3. 根据科目汇总表登记总账；
4. 编制资产负债表；
5. 编制利润表。

综合模拟题(一)

一、单项选择题(共 15 小题，每小题 2 分，共 30 分)

1. 会计执行事后核算职能的主要形式是(　　)。

A. 预测、计划、决策　　B. 记账、算账、报账

D. 预测、决策、控制　　C. 预算、控制、计划

2. 企业生产经营过程中的产品属于(　　)。

A. 存货　　B. 固定资产　　C. 无形资产　　D. 实收资本

3. 某企业采购员预借差旅费所引起的变动为(　　)。

A. 一项资产增加，一项负债增加

B. 一项资产增加，另一项资产减少

C. 一项资产减少，一项负债减少

D. 一项负债增加，另一项负债减少

4. (　　)具有一定的格式和结构。

A. 会计科目　　B. 会计要素　　C. 账户　　D. 会计对象

5. 借贷记账法的借方表示(　　)。

A. 资产的增加，负债和所有者权益的减少

B. 资产的增加，负债和所有者权益的增加

C. 负债和所有者权益减少，收入和费用增加

D. 资产和费用减少，权益和收入增加

6. “应付账款”总账期末贷方余额 20 000 元，明细账“应付账款—甲单位”期末贷方余额为 12 000 元，“应付账款—乙单位”期末贷方余额为 14 000 元，则“应付账款—丙单位”的期末余额为(　　)元。

A. 借方余额 6 000　　B. 贷方余额 6 000

C. 借方余额 46 000　　D. 贷方余额 46 000

7. 复式记账法与单式记账法相比较，下列说法正确的是(　　)。

A. 两者都有利于检查账户记录的正确性

B. 复式记账法能清晰地反映经济业务的过程和结果

C. 两者都有一套完整的账户体系

D. 两者的账户都有相互对应的关系

8. 经济业务发生时直接取得或填制的凭证是(　　)。

A. 收、付款凭证　　B. 原始凭证

C. 记账凭证　　D. 合同和协议

9. 销售过程中，企业与客户签订的产品销售合同属于(　　)。

A. 自制原始凭证　　B. 记账凭证

C. 外来原始凭证　　D. 以上三者都不是

10. 多栏式明细账格式一般适用于(　　)。

A. 债权、债务类账户　　B. 财产、物资类账户

C. 费用成本类和收入成果类账户　　D. 货币资产类账户

11. 企业应收账款的账面余额定期与有关债务单位或个人进行的核对，属于(　　)。

A. 账证核对　　B. 账账核对　　C. 账实核对　　D. 账表核对

12. “所得税费用”账户的贷方登记(　　)。

A. 转入“本年利润”账户的所得税费用

B. 实际交纳的所得税费用

C. 应由本企业负担的税费

D. 转入“生产成本”账户的税费

13. 产生未达账项的原因是(　　)。

A. 双方结账时间不一致　　B. 双方记账时间不一致

C. 双方对账时间不一致　　D. 双方记账金额不一致

14. 发现某种材料盘亏时，在报经批准前，作会计分录应为(　　)。

A. 借：管理费用
　　贷：待处理财产损溢

B. 借：原材料
　　贷：待处理财产损溢

C. 借：待处理财产损溢
　　贷：原材料

D. 借：待处理财产损溢
　　贷：管理费用

15. 各种会计核算程序的主要区别是(　　)。

A. 登记明细分类账的依据和方法不同

B. 登记总分类账的依据和方法不同

C. 总账的格式不同

D. 编制会计报表的依据不同

二、多项选择题(共 10 小题，每小题 3 分，共 30 分)

1. 会计信息的使用者包括(　　)。

A. 投资者　　B. 供应商

C. 企业管理部门　　D. 税务、工商和证券监管部门

2. 会计的方法包括(　　)。

A. 会计核算方法　　B. 会计分析方法

C. 会计控制方法　　D. 会计检查方法

3. 下列账户中，与负债结构相反的账户有(　　)。

A. 收入账户　　　　　　　　　　B. 所有者权益账户

C. 资产账户　　　　　　　　　　D. 成本账户

4. 可用于更正因记账凭证错误而导致账簿记录错误的方法有(　　)。

A. 划线更正法　　　　　　　　　B. 差数核对法

C. 红字更正法　　　　　　　　　D. 补充登记法

5. 应由企业负担，不记入"税金及附加"账户的税费有(　　)。

A. 教育费附加　　　　　　　　　B. 增值税

C. 城市维护建设税　　　　　　　D. 企业所得税

6. 各种会计核算程序下，明细分类账可以根据(　　)登记。

A. 原始凭证　　　　　　　　　　B. 原始凭证汇总表

C. 记账凭证　　　　　　　　　　D. 科目汇总表

7. 资产负债表左方包括(　　)等项目。

A. 流动资产　　　　　　　　　　B. 流动负债和非流动负债

C. 非流动资产　　　　　　　　　D. 所有者权益

8. 王明出差回来，报销差旅费 1 000 元，原预借 1 500 元，交回剩余现金 500 元，这笔业务应该编制的记账凭证有(　　)。

A. 付款凭证　　　B. 收款凭证　　　C. 转账凭证　　　D. 原始凭证

9. 下列关于库存现金清查的说法，正确的有(　　)。

A. 库存现金应该每日清点一次

B. 库存现金清查应该采用实地盘点法

C. 在清查过程中可以用借条、收据冲抵库存现金

D. 要根据盘点结果编制"现金盘点报告表"

10. 根据会计等式可知，下列经济业务不会发生的有(　　)。

A. 资产增加，负债减少，所有者权益不变

B. 资产不变，负债增加，所有者权益增加

C. 资产有增有减，权益不变

D. 债权人权益增加，所有者权益减少，资产不变

三、判断题(判断下列各题的正误，正确的打"√"，错误的打"×"。共 10 小题，每小题 1 分，共 10 分)

1. 企业的出纳人员除了登记现金、银行存款日记账外，还可以兼任稽核工作。(　　)

2. 会计分录按照所涉及的账户多少，可分为一借一贷、一借多贷、一贷多借的会计分录，不允许多借多贷的会计分录。(　　)

3. 根据账户记录编制试算平衡表以后，如果所有账户的借方发生额同所有账户的贷方发生额相等，则说明账簿记录一定是正确的。(　　)

4. 财产物资的盘存制度就是财产物资的实际盘点方法。（　　）

5. 月末应根据“银行存款余额调节表”中调整后的余额进行账务处理，使企业银行存款账户的余额与调整后的余额一致。（　　）

6. 科目汇总表可以采用全部汇总和分类汇总两种汇总方式，但任何格式的科目汇总表都不能反映账户之间的对应关系。（　　）

7. 企业获取资产的来源渠道有两条：一是由企业所有者投资形成；二是由债权人贷款形成。（　　）

8. 对于一项经济业务，总分类账户登记在借方，其所属明细分类账户可以登记在贷方。（　　）

9. 发生额试算平衡是根据资产与权益的恒等关系，检验本期发生额记录是否正确的方法。（　　）

10. 原始凭证是会计核算的原始资料和重要依据，是登记会计账簿的直接依据。（　　）

四、计算题(共 2 小题，每小题 4 分，共 8 分)

1. 2024 年 3 月 2 日，力海公司开出转账支票支付 A、B 材料的不含税运费共计 6 000 元，增值税 300 元，已知 A 材料的买价为 40 000 元，B 材料的买价为 60 000 元。要求：计算 A、B 产品分别应负担的运输费用。

2. 力海公司 2024 年 3 月初在产品成本构成如表 1。

表 1　期初在产品成本构成表　　单位：元

产品名称 / 成本项目	直接材料	直接人工	制造费用	合计
A 产品	68 200	50 000	8000	126 200
B 产品	126 000	90 000	14 000	230 000

该企业本月产品生产投入成本如表 2。

表 2　本期产品生产投入成本表　　单位：元

产品名称 / 成本项目	直接材料	直接人工	制造费用	合计
A 产品	102 000	75 000	12 000	189 000
B 产品	150 000	107 100	17 000	274 100

3 月底，A 产品完工 1 000 件，有 70%产品完工；B 产品完工 1 200 件，有 80%产品完工。

要求：分别计算两种完工产品总成本及单位成本。

五、分录题（共 11 小题，每小题 2 分，共 22 分）

力海公司为增值税一般纳税人，2024 年 4 月发生以下经济业务，要求根据经济业务作账务处理。

1. 收到某公司投入机器设备一台，双方协商按账面原始价值 125 000 元入账（不考虑增值税）。

2. 因临时需要，向银行申请三个月借款 50 000 元，存入银行存款账户。

3. 用银行存款支付生产车间修理费 1 300 元。

4. 销售给光明工厂 B 产品 200 件，单位售价 300 元，增值税销项税额 7 800 元，款项尚未收到。

5. 收到华风公司分来的投资利润 30 000 元，存入银行存款账户。

6. 职工张有为预借差旅费 2 000 元，经审核以现金付讫。

7. 企业本月共发出材料 51 200 元，其中生产 A 产品耗料 30 000 元，生产 B 产品耗料 18 000 元，车间一般耗料 2 000 元，行政管理部门耗料 1 200 元。

8. 企业计提本月固定资产折旧 5 600 元，其中，车间用固定资产折旧 3 900 元，行政管理部门用固定资产折旧 1 700 元。

9. 收到宏达公司发来的材料一批，增值税专用发票上注明的买价为 80 000 元，增值税 10 400 元，合计 90 400 元。扣除预付款 50 000 元，余款用银行存款支付，材料已验收入库。

10. 由于自然灾害盘亏材料 400 千克，每千克 20 元，应向保险公司索赔 5 000 元，其余转作营业外支出，做批准后分录。

11. 结转企业全年实现的净利润 8 000 000 元。

综合模拟(二)

一、单项选择题(共15小题，每小题2分，共30分)

1.“现金日记账”“银行存款日记账”“总分类账”必须采用(　　)。

A. 卡片式账簿　　B. 活页式账簿

C. 订本式账簿　　D. 订本或活页账簿

2. 对财产物资进行逐一清点数量，确定其实存数的方法是(　　)。

A. 实地盘存制　　B. 永续盘存制

C. 实地盘点法　　D. 技术推算盘点法

3. 账户是根据(　　)设置的，具有一定的结构和格式，用于反映会计要素增减变动情况及其结果的载体。

A. 会计凭证　　B. 会计科目　　C. 会计对象　　D. 经济业务

4. 偿还期限在1年内的借款计入(　　)账户。

A. 长期借款　　B. 应付账款　　C. 应付票据　　D. 短期借款

5. 下列各项中，属于累计原始凭证的是(　　)。

A. 收料单　　B. 销货发票　　C. 限额领料单　　D. 产品入库单

6. 下列错误能够通过试算平衡查找的是(　　)。

A. 漏记经济业务　　B. 借贷金额不相等

C. 重记某经济业务　　D. 借贷方向颠倒

7. 下列经济活动中，引起资产和负债同时减少的是(　　)。

A. 以银行存款偿还前欠货款　　B. 购买材料货款尚未支付

C. 收回应收账款　　D. 接受其他单位捐赠新设备

8. 下列内容中，不在“其他应收款”科目核算的是(　　)。

A. 应收的各种赔款、罚款　　B. 应收的销售商品款项

C. 应收的出租包装物租金　　D. 租入包装物支付的押金

9. 所有者权益是企业投资者对企业净资产的所有权，在金额上等于(　　)。

A. 全部资产减去流动负债　　B. 企业的新增利润

C. 全部资产减去全部负债　　D. 全部资产加上全部负债

10. 某企业月初资产总额为500万元，当月用银行存款50万元购入材料，收到客户偿还原欠货款30万元存入银行，用银行存款20万元归还到期银行借款，则月末资产总额为(　　)万元。

A. 430　　B. 450　　C. 460　　D. 480

11. 账簿中书写的文字和数字上面要留有适当的空格，不要写满格，一般应占格距的(　　)。

A. 二分之一　　B. 三分之一　　C. 四分之一　　D 三分之二

12. 向银行提取现金或将现金存入银行，一般填制(　　)凭证。

A. 收款凭证　　B. 付款凭证

C. 转账凭证　　D. 收款凭证和转账凭证

13. 出资人的实际出资额高于其在注册资本中所占的份额，应记入(　　)账户。

A. 实收资本　　B. 资本公积

C. 盈余公积　　D. 本年利润

14. 购进一批材料，买价 3 000 元，运输费 100 元，装卸费 60 元，增值税进项税额 390 元，则该材料的成本为(　　)元。

A. 3 160　　B. 3 100

C. 3 060　　D. 3 550

15. 下列各项目中，属于资产的是(　　)。

A. 实收资本　　B. 应付工资

C. 预收账款　　D. 预付账款

二、多项选择题(共 10 小题，每小题 3 分，共 30 分)

1. 下列属于会计的基本职能的有(　　)。

A. 预测职能　　B. 核算职能

C. 决策职能　　D. 监督职能

2. 未达账项是指企业和银行之间存在(　　)。

A. 一方登记入账，一方尚未登记入账造成的不一致

B. 双方均未登记入账的款项

C. 一方登记有误的款项

D. 由于结算凭证传递时间的先后而造成的双方账面金额不一致

3. 下列关于记账凭证的说法，正确的有(　　)。

A. “制证”人员和“审核”人员不能是同一人

B. 所有记账凭证均应有出纳和会计的签字

C. 在根据记账凭证登记账簿之后，应在“过账”处做过账标记

D. 除结账和更正错账外，所有记账凭证均应附有原始凭证

4. 填制原始凭证时，符合书写要求的是(　　)。

A. 阿拉伯金额数字前面应当书写人民币符号

B. 币种符号与阿拉伯金额数字之间不得留有空白

C. 大写金额有分的，分字后面要写“整”或“正”字

D. 汉字大写金额可以用简化字代替

5. 原始凭证审核的内容包括(　　)。

A. 经济业务内容是否真实　　B. 会计科目使用是否正确

C. 应借应贷方向是否正确　　D. 经济业务是否有违法乱纪行为

6. 下列关于“在途物资”账户的说法，正确的有(　　)。

A. 借方登记购入材料的买价和采购费用

B. 贷方登记入库材料的实际成本

C. 借方余额表示已付款但未运达或未验收入库的在途材料的实际成本

D. 是计算材料采购成本的账户

7. 结账时，不应当划通栏双红线的是(　　)。

A. 结出当月发生额后　　B. 各月末结出本年累计发生额后

C. 12 月末结出全年累计发生额后　　D. 结出本季累计发生额后

8. 总分类账与明细分类账之间采用平行登记法，平行登记法的要点有(　　)。

A. 依据相同　　B. 期间相同

C. 方向相同　　D. 金额相等

9. 原始凭证按照来源不同，可分为(　　)。

A. 原始凭证　　B. 记账凭证

C. 外来原始凭证　　D. 自制原始凭证

10. 应记入“制造费用”账户的项目有(　　)。

A. 生产车间的固定资产折旧费　　B. 生产车间机器设备的修理费

C. 管理部门的水电费　　D. 生产车间的办公费

三、判断题(判断下列各题的正误，正确的打“√”，错误的打“×”。共 10 小题，每小题 1 分，共 10 分)

1. 法律主体必定是会计主体，会计主体必定是法律主体。(　　)

2. 书写大写数字金额时，货币名称与金额数字之间可以留有空白。(　　)

3. 企业的期间费用包括管理费用、财务费用、制造费用和销售费用。(　　)

4. 资产负债表中，“固定资产净值”项目根据“固定资产”总分类账的账户余额直接填列。(　　)

5. 企业上交上月应交未交增值税时，应借记“应交税费—未交增值税”账户。(　　)

6. 财务人员的工资费用应记入企业的“财务费用”。(　　)

7. 现金日记账通常是由会计人员根据审核后的记账凭证，逐日逐笔进行登记。(　　)

8. 资产按照流动性分为流动资产和固定资产。(　　)

9. “累计折旧”账户属于资产类备抵账户，借贷方登记的内容与一般资产类相反。(　　)

10. 在持续经营的基本假设下，会计确认、计量和报告应当以企业持续、正常的生产经营活动为前提。(　　)

四、计算题(共 2 小题，每小题 4 分，共 8 分)

1. 资料一：华荣公司一条生产线原值 300 000 元，预计净残值 12 000 元，预计使用年限是 5 年，采用平均年限法计提折旧。

要求：计算该设备的预计净残值率、年折旧率、年折旧额、月折旧额。

2. 资料二：华荣公司厂从大发公司采购甲材料 5 000 千克，每千克 12 元，取得增值税专用发票，税率 13%。支付运输费用 1 000 元，取得增值税专用发票，税率 9%。现金支付装卸费 200 元。验收入库时，发现合理损耗 10 千克。

要求：(1)计算该批甲材料的总成本。

(2)计算该批甲材料的单位成本(保留小数点后两位)。

五、分录题(共 15 小题，每小题 2 分，共 22 分)

华荣公司为增值税一般纳税人，2024 年 4 月发生以下经济业务，要求根据经济业务做账务处理。

1. 企业销售一批多余原材料给红海公司，售价 25 000 元，增值税额 3 250 元，款项暂未收到。

2. 采购甲种材料 700 千克，每千克 20 元，增值税率 13%，款已通过银行付讫，材料尚未验收入库。

3. 开出支票交纳上月增值税 5 600 元，城建税 392 元，教育费附加 168 元，地方教育费附加 112 元。

4. 接银行通知，已付电费及其增值税，其中车间电费 1 800 元，厂部电费 600 元，取得增值税专用发票，税率 13%。

5. 预提应由本月负担的银行借款利息 6 500 元。

6. 销售 A 产品 1 000 件给风力公司，货款 600 000 元，开出增值税专用发票，税率 13%，收到一张银行本票。

7. 4 个月前购买材料开出的一张商业承兑汇票到期，以存款支付票款 200 000 元。

8. 对现金进行盘点，发现盘亏库存现金 200 元。

9. 经核算生产甲产品工人工资 180 000 元，生产乙产品工人工资 140 000 元，车间管理人员工资 20 000 元，管理部门人员工资 30 000 元。

10. 员工张某结婚，单位给予 1 000 元的现金红包。

11. 员工张海报销差旅费，往返动车票 981 元，住宿费 800 元(不含税)，取得专票，税率 6%，餐费 636 元，差额使用现金结清。